# 爆款短视频运营指南

陈雅娜　刘东明◎著

中国经济出版社

**图书在版编目（CIP）数据**

爆款短视频运营指南：视频制作、爆款设计、吸粉引流、营销转化、电商变现 / 陈雅娜，刘东明著. --北京：中国经济出版社，2020.5

ISBN 978-7-5136-6144-7

Ⅰ.①爆… Ⅱ.①陈… ②刘… Ⅲ.①网络营销－指南 Ⅳ.①F713.365.2-62

**中国版本图书馆CIP数据核字（2020）第066893号**

责任编辑 张梦初 戴 瑛 陈宇慧

责任印制 巢新强

封面设计 卓义云天

**出版发行** 中国经济出版社

**印 刷 者** 北京富泰印刷有限责任公司

**经 销 者** 各地新华书店

**开　　本** 710mm×1000mm 1/16

**印　　张** 20

**字　　数** 240千字

**版　　次** 2020年5月第1版

**印　　次** 2020年5月第1次

**定　　价** 58.00元

**广告经营许可证** 京西工商广字第8179号

**中国经济出版社** **网址** www.economyph.com **社址** 北京市西城区百万庄北街3号 **邮编** 100037

本版图书如存在印装质量问题，请与本社发行中心联系调换（联系电话：010-68330607）

# Preface
# 前　言

随着流量资费不断下降，无线网络覆盖范围越来越广，人们的时间越发碎片化。不知不觉间，人们获取信息的方式已悄然改变。从茶余饭后守在电视机前等待喜爱的节目播出，到各大视频网站随意搜索、自由观看，再到小小的手机屏幕一键播放、滑动跳转，人们的生活方式越来越“移动化”，喜欢观看的内容也越来越“精致化”。

中国电视剧制作产业协会发布的2019年《中国电视剧（网络剧）产业调查报告》显示，2019年中国短视频用户使用时长首次超过长视频。在用户规模方面，短视频的月活跃用户数达到了8.21亿，同比增速高达32%。正如中国电视剧制作产业协会会长尤小刚所说：“随着5G时代的到来，短视频不仅仅是内容传播的形式之一，也会成为数据时代‘叙事视听化、视听叙事化’的社交语言。短视频与长视频的交融共生，将成为发展趋势。”

当然，短视频的功能不只叙事，其强大的营销带货能力更受推崇。根据艾瑞咨询发布的《2019年短视频营销白皮书》，2018年短视频营销市场规模达到了140.1亿，预计到2020年其市场规模将超过550亿。在短视频的助力下，百雀羚、半亩花田、完美日记等国货品牌强势崛起，李子柒、俊平大魔王等网络品牌频频涌现，故宫联名款、大白兔香水、婴儿安抚机、自拍手机壳等爆款产品层出不穷。借助丰富的内容及多变的形式，短视频为品牌提供更碎片化、更沉浸、更立体的营销内容，从各种时间缝隙进入消费者视野，为品牌带来源源不断的流量。

在流量红利逐渐消失、获客成本越来越高的环境背景下，短视频凭借这一优势吸引了越来越多的广告主投放，成为企业、品牌与商家搭建私域流量池、激活存量用户的运营利器。但随着渠道及媒体越来越碎片化、垂直化，简单的曝光已无法满足广告主的需求。如何组建高效的短视频团队？如何拍摄出创意精良的短视频？如何策划、制作与运营爆款IP？如何实现快速吸粉、推广引流？如何进行流量转化、精准营销？如何利用短视频带货，将流量转化为销量？如何实现广传播、高转化已成为广告主最关心的问题。

《爆款短视频运营指南》立足于当前国内短视频的发展现状与趋势，详细分析了短视频行业的盈利模式与生态图谱，内容涵盖5大专题、15个章节、218个实战技巧、120多个典型案例，系统阐述了短视频运营过程中的团队构建、拍摄技巧、后期制作、内容策划、IP人设定位、快速吸粉、渠道引流、营销转化、电商变现等运营思路与实战攻略。5大专题的内容概述如下：

### ◆私域流量

随着淘宝、京东、百度等平台上的公域流量价格越来越高，可反复利用、重复触达的私域流量成为品牌、企业争夺的焦点。过去，企业获取私域流量的方式比较单一，效果不甚理想。短视频的崛起为企业获取私域流量开辟了一条新路径。那么，企业如何选择适合自己的短视频平台？如何利用短视频平台圈定流量、完成变现？本篇讲述了短视频平台的发展历程与5大变现渠道，对目前国内7大主流短视频平台及其特色功能进行全面解析，带读者一览我国短视频行业的全貌。

**◆视频创作**

短视频的时长虽然短——短则十几秒，长也不会超过15分钟，但制作流程并不简单。如何在几秒钟之内抓住用户眼球？如何随着情节的推进延长用户的停留时间，提高完播率？这些都给短视频制作者带来了巨大的挑战。本篇从前期策划—中期拍摄—后期制作全流程，对短视频制作的各项细节进行深度剖析，为读者提供最实用的短视频制作技巧。

**◆爆款设计**

一条短视频能否引爆网络，在各大平台传播，在很大程度上取决于内容。短视频运营时代依旧是“内容为王”的时代。如何确定内容主题？如何凭借完美的IP人设攻占用户心智？如何提升粉丝黏性？如何通过数据指标分析完善内容，实现内容转化与变现？本篇从内容策划、爆款内容、精细运营3大层面、12个角度对这些问题进行解答，帮读者明晰短视频内容设计思路。

**◆吸粉引流**

企业或品牌开展短视频运营的主要目的就是获取私域流量，搭建私域流量池，降低获客成本，让流量实现重复利用。基于这一目的，本篇分析了短视频用户运营在不同阶段的运营目标，全面剖析了引爆粉丝增长的7大方法以及渠道引流的7种模式，为短视频运营人员提供最易落地、见效最快的吸粉攻略。

### ◆营销转化

如何利用短视频引爆品牌裂变？如何激发粉丝的购买欲，提高产品的转化率，实现内容引流与带货？如何将流量转化为购买力，利用电商平台完成流量变现？对于短视频运营人员来说，这些都是短视频运营的关键。本篇从品牌赋能、品效合一、电商变现3大方面总结了短视频营销实战攻略，帮短视频运营人员快速掌握短视频营销方案。

本书采用“运营思路+案例解析+实战工具+操作指导”的写作手法，辅之以大量图表进行诠释说明，以深入浅出的方式呈现短视频精细化运作的每一个细节，手把手教你从0到1打造爆款短视频。本书既适合新媒体从业者、短视频创业者、品牌策划人士、KOL达人阅读，也适合希望借助短视频实现商业变现的企业、品牌或商家阅读，还可作为高等院校新闻传播、市场营销、公共关系等专业的本科生、研究生培训教材。

Contents

目录

# Part 1

# 私域流量：引爆短视频商业变现

第 1 章

# 流量洼地：短视频红利时代来临

## 短视频的特征与类型

短视频是近几年新兴的一种视频形式，时长通常在15分钟以内，用户只需使用手机就能完成视频录制及编辑，并及时发布到社交媒体平台，实现内容的迅速传播与分享。短视频具有内容精简、信息含量大、内容丰富等特点，符合新时代下用户信息获取习惯，能够满足用户对多元化内容的需求。

2016年以来，秒拍、快手、美拍等短视频平台加速发展。2017年，短视频行业实现了大爆发，收入规模不断扩大，用户黏性稳定增长，在围绕用户群建立垂直化内容的同时，营造了一种平台社交氛围。短视频产品纷纷立足于满足用户需求，通过内容更迭与产品功能完善优化用户体验。

进入2018年后，抖音、快手等头部短视频平台强势增长，吸引了创业者、品牌商、网店等各路玩家布局。目前，我国短视频行业格局已经初步形成，通过短视频获取资讯、消磨时间、休闲娱乐逐渐成为很多网民，尤其是“90后”“95后”年轻网民的习惯，各短视频平台也在不断试错中曲折前进，推动内容生态、流量机制、商业模式不断完善，整个行业呈现欣欣向荣的景象。

### ◆短视频的发展历程

回顾我国短视频行业的发展历程，可以将其分为三个阶段，如图1-1所示。

**图1-1　短视频行业发展的三个阶段**

（1）起步期

2011—2013年，秒拍、美拍等短视频应用上线。不过，早期这些短视频应用的内容和功能较为单一，再加上当时流量资费较高，绝大部分网民通常仅在连接免费WiFi的场景中消费短视频，导致整个行业发展速度相对较慢。

（2）发展期

2014—2016年，4G实现大规模商用，网速进一步提升，流量资费明显降低，再加上流量不清零等利好政策落地，使短视频应用开始进入蓬勃发展阶段。因此，2014年被称为短视频元年。在此期间，快手、抖音凭借在内容、用户体验等方面的优势快速积累了海量用户，成为两大头部短视频平台。

（3）爆发期

2017年至今，短视频行业开始进入爆发式增长期。短视频用户规模快速增长，大量品牌商入驻短视频平台开展营销推广、用户运营等活动。得益于智能手机的快速发展，短视频制作门槛越来越低，为短视频内容的快速增长提供了强有力支持。与此同时，随着海量资本涌入，短视频行业不断走向成熟。

### ◆短视频的主要特征

短视频内容丰富、形式与功能多样，是移动化、碎片化时代背景下的一种主流内容形态。具体来看，短视频的特征可概括为以下几点，如图1-2所示。

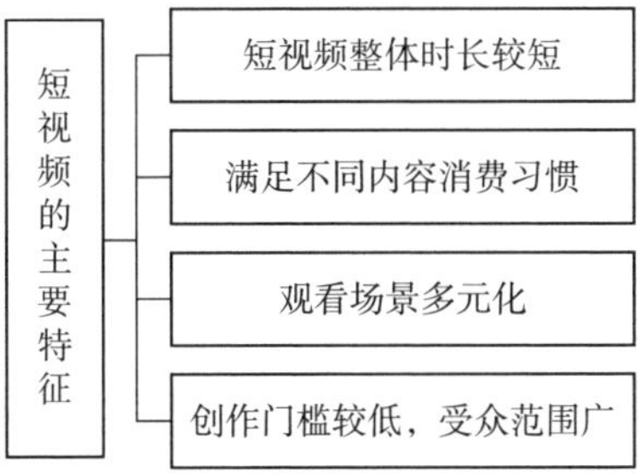


**图1-2 短视频的主要特征**

（1）短视频整体时长较短

短视频时长通常在5分钟以内，但不同平台、不同类型的短视频的时长也有所差异，因此，生产者可根据自身需要灵活决定短视频的时间长度。

（2）满足不同内容消费习惯

从浏览形式来看，可以将短视频分为横屏短视频和竖屏短视频两类，二者迎合的内容消费习惯有所差异。其中，横屏短视频更适合观看时长相对较长、长视频剪辑类内容的用户；竖屏短视频更适合喜欢快速切换及热衷观看音乐短视频的用户。

（3）观看场景多元化

智能手机等移动终端的快速推广普及以及流量资费的降低，极大地丰富了短视频产品的观看场景。在公交、地铁、商场等各类生活场景中，人们都能随时随地消费短视频内容。

（4）创作门槛较低，受众范围广

使用一部智能手机即可完成短视频创作，而且不需要专业的知识与技能，人人皆可参与。和报纸、杂志、电视、广播主导的传统媒体时代不同的是，在短视频时代，人们不仅是短视频消费者，更是短视频生产者。这种双重角色属性，使人们更为积极地参与短视频内容生产、传播及消费。

短视频不是长视频的缩短版，也不是图文内容的视频化，而是一种迎合互联网时代人们内容消费需求的新内容形态。短视频与长视频、直播、网络游戏、微博等同为互联网内容产品，它们之间有一定的相同点，但也存在明显差异，如表1–1所示。

表1-1 短视频与其他互联网内容产品对比

| | 与短视频的相同之处 | 与短视频的不同之处 |
| --- | --- | --- |
| 长视频 | ● 视频型产品，影音录制播放<br>● 短视频可以是长视频的片段 | ● 长视频多在30分钟以上，信息容量高，以PGC内容为主<br>● 短视频多在5分钟以内，适宜碎片化时间，以UGC和PGC内容为主 |
| 直播 | ● 视频型产品，以UGC内容为主<br>● 突出个人特色，内容主题有相似<br>● 短视频平台（快手、抖音等）逐步进军直播 | ● 直播时长多在1小时以上，以个人、活动等内容为主，实时播放<br>● 短视频多在5分钟以内，内容更多元，包括个人、宠物、风景等特色，录制播放 |
| 网络游戏 | ● 娱乐性强，参与门槛低<br>● 内容更新换代快 | ● 网络游戏无固定时长，不同游戏内容千差万别，以道具型付费为主<br>● 短视频时长固定，不同平台内容同质化，免费型产品 |
| 微博 | ● 浏览时间碎片化，内容直击要点<br>● 粉丝效应突出 | ● 微博以图文为主，流量聚焦于明星网红，资讯性强<br>● 短视频以影音为主，UGC内容主导，流量分散，娱乐性更强 |

### ◆短视频的内容类型

短视频作为目前的一种主流内容形态，虽然时长有限，但内容类型非常丰富多元，比如：在内容风格方面，短视频可以采用严肃风格、轻松风格或幽默风格；在内容定位方面，短视频可以是人物纪实类、生活日常类、风景分享类或奇幻冒险类。短视频的内容类型，具体如图1-3所示。

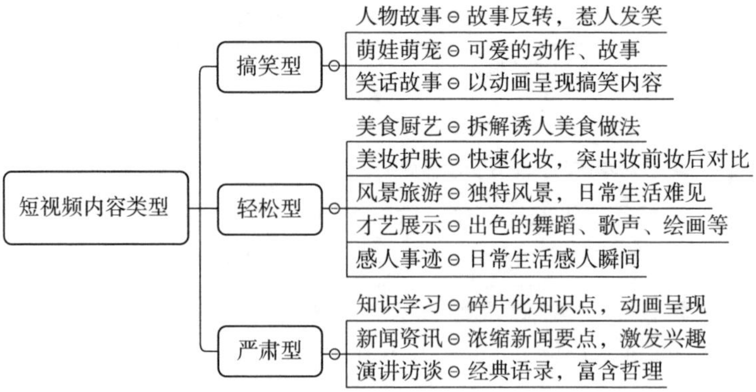


**图1–3　短视频内容类型**

由于时长限制，短视频尤其需要突出重点，让用户在短时间内理解短视频主题。搞笑故事、美妆技巧、美食制作等爆款短视频虽然在表现手法、内容风格等方面存在较大差异，但无一例外地都有明确的视频主题。

目前，短视频平台已经成为新的流量洼地，吸引了许多互联网企业在此布局。近两年，由于国内短视频平台的数量迅速增加，为用户提供了更加丰富的选择，越来越多的人选择在这种新兴媒体平台开展社交互动。

明星、达人的加入给短视频平台提供了丰富的内容，吸引了众多用户参与。另外，平台本身的算法应用及推荐机制，使短视频开始在垂直领域进行市场开拓。比如，短视频社区“快手”先是在平台上推出形式丰富的用户原创内容，积累了庞大的用户基础。在发展到一定阶段之后，开始着力打造专业用户生产内容（PUGC），将用户生产内容（UGC）与专业生产内容（PGC）的优势结合起来。

随着用户数量持续增加，短视频平台辐射的领域越来越多，市场覆盖范围越来越广，平台上发布的短视频类型也越来越丰富。比如抖音短视频以时尚、潮流化的风格受到许多年轻用户的青睐，明星、达人的入驻，加上创意内容、音乐背景，使平台用户数量呈现高速增长趋势。很多行业逐渐意识到了短视频的商业价值，于是积极寻求与短视频的合作，促进了“短视频+”模式的落地。

## 短视频行业产业链

艾媒咨询发布的《2018—2019年中国短视频行业专题调查分析报告》指出：“5G等新兴技术的加速落地会推动短视频行业进入下一个快速发展阶段，促使众多行业发生重大变革，短视频与其他行业的融合随之加深，行业规模存在继续上升的空间。”

### ◆短视频行业产业链

短视频行业产业链主要包括四大环节，即创作环节、分发环节、分发平台与第三方服务，如图1–4所示。

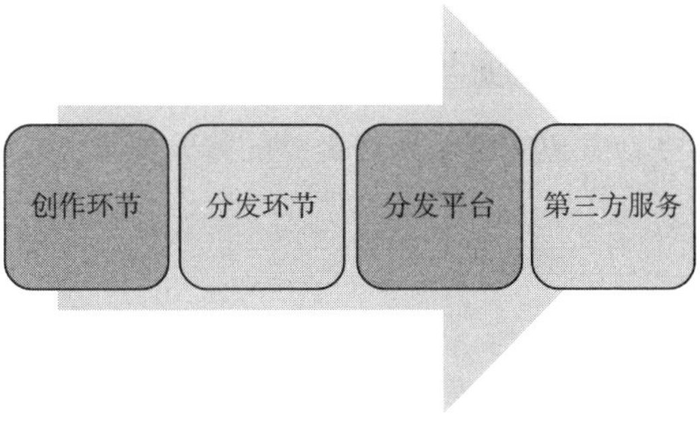


图1–4 短视频行业产业链

（1）创作环节

在短视频产业链创作环节，专业短视频内容创作团队、品牌方、营销人员以及广大普通用户贡献了绝大部分的短视频内容。同时，设备厂商、App开发商（提供短视频美化、剪辑等App）等也发挥了重要作用。

（2）分发环节

在分发环节，很多品牌商、营销团队更希望借助专业的MCN机构实现短视频产品的精准分发。MCN[①]机构是一种整合大量短视频达人、专业生产团队，具备长期输出高质量内容的短视频经纪公司。

（3）分发平台

分发平台主要是指短视频平台。虽然短视频平台对用户上传短视频的要求较低，但为了确保用户体验，保障平台的可持续发展，平台方会有针对性地推送短视频内容，使目标用户获得他们真正感兴趣的内容。

（4）第三方服务

短视频产业链的完善离不开第三方服务的有力支持，比如AI算法、智能语音助手、移动支付工具、大数据分析工具等。有了这些第三方服务，用户消费短视频内容才变得更加方便快捷，商家也能以更低成本更高效地完成营销目标，平台方也能带给用户更好的体验，为商家带来更高的转化率等。

① MCN（Multi-Channel Network）是一种多频道网络的产品形态，将 PGC 内容联合起来，在资本的有力支持下，保障内容的持续输出，最终实现商业的稳定变现。

### ◆短视频行业产业链特征

（1）内容创作者呈现多元化

短视频内容创作者大致可分为以下三大类，如图1–5所示。

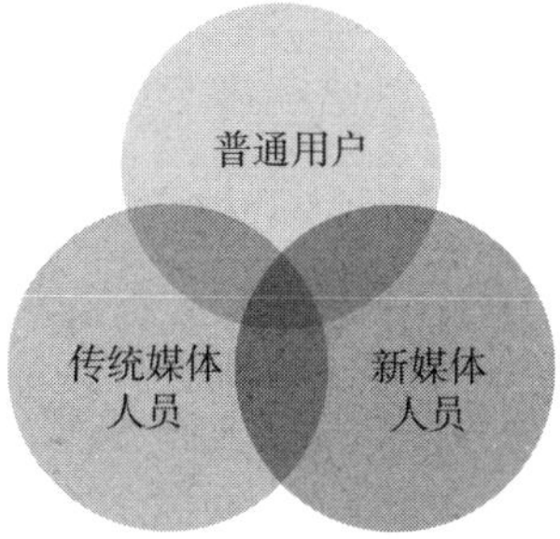


图1–5　短视频内容创作者

● **普通用户**。普通用户为满足自身分享、炫耀等需求而创作各种短视频作品，这些作品可能是他们日常生活中的某个场景，也可能是他们自编自导的一个小故事。虽然普通用户创作的短视频作品质量参差不齐，但数量非常庞大，在平台的内容体系中发挥着非常关键的作用。

● **新媒体人员**。短视频行业是内容创业者关注的一个重点领域，创作者、达人纷纷入驻短视频平台，意欲抓住短视频红利期分一杯羹。

● **传统媒体人员**。受新媒体的强烈冲击，以及用户内容消费习惯的变化，很多报纸、杂志、电视、广播等传统媒体的从业者为生存或实现更大的自我价值，而向短视频平台转型。这些经验丰富的内容生产者的加盟，推动短视频行业进入一个全新的发展阶段。

（2）MCN模式崛起

对数量庞大的短视频生产者与短视频作品进行系统化管理，使短视频需求方和供给方实现精准对接，是各大短视频平台面临的一个重要问题。而MCN机构的出现无疑为解决该问题提供了有效思路。MCN机构可以有效提高短视频产业链的运行效率。

- **从内容创作者的角度来看，**MCN机构可以充分发挥自身的资源整合能力，对短视频行业进行大数据分析，了解用户需求、平台推荐倾向等，帮助普通用户创作出更加契合市场需求的短视频作品。
- **从短视频平台的角度来看，**MCN机构可对专业的短视频创作者及达人进行科学管理，指导其更为高效地进行内容生产、营销推广、商业变现等，而短视频平台有了大量专业的内容创作者后，就可以尝试广告分成、打赏、内容付费等多元化的盈利模式。
- **从广告商的角度来看，**MCN机构对短视频用户有着较强的洞察力，可以实现用户标签化，并生成立体化的用户画像，帮助广告商快速、低成本地找到目标用户，实现精准营销。

（3）短视频平台细分化、专业化

从诸多行业的发展经验来看，细分化、专业化是行业走向成熟的必经之路，短视频行业也是如此。不仅是短视频平台，新闻资讯、社交媒体、传统视频网站等各类内容平台也在积极开发短视频版块，发力短视频行业。

在新闻资讯平台领域，此前，搜狐、今日头条等新闻资讯平台主要通过图文内容满足用户需求，但与视频内容相比，图文信息在营造画面感方面有明显劣势，而画面感又是新闻资讯内容吸引用户的关键所在。所以，开发短视频版块，通过生动形象的短视频内容提高用户打开率，延长在线时长，不失为新闻资讯平台的明智选择。

在社交平台领域，和图文沟通相比，视频沟通更加生动、形象，特别是肢体语言的加入，使人们可以获得更加良好的沟通体验。所以，近几年，社交平台也在通过添加短视频版块等方式不断完善自身的视频内容体系。

在视频网站领域，视频网站布局短视频的原因主要表现在两个方面。一方面，视频网站希望通过布局短视频推动自身转型升级。随着生活节奏日渐加快，人们能够用于休闲娱乐的时间越来越少，而消费传统长视频时间成本较高。以上班族为例，除了晚上和休息日外，上班族难以负担消费长视频的时间成本。而引入短视频后，视频网站可以有效解决这一问题。另一方面，视频网站希望通过布局短视频迎合用户的内容消费习惯。智能手机等移动终端以及移动互联网的快速发展，使人们可以利用等公交、排队付款等碎片化时间获取资讯或休闲娱乐。在这些碎片化场景中，观看一条几十秒的短视频也就成了一件很自然的事情。

在短视频平台领域，不断完善短视频内容生态体系、加强流量运营能力，为广大用户、自媒体、品牌商、广告商等创造优良的平台环境，不但有助于短视频平台的可持续发展，还能为其开拓更广阔的利润空间。

## 开启全民短视频时代

传统媒体是单向传播，用户缺乏选择权，能够在电视、报纸、杂志等传统媒体上发声的主要是精英群体。而互联网的出现在一定程度上打破了这种局面，博客、论坛、贴吧、门户网站等互联网媒体的出现，使普通网民有了发声的机会。不过由于PC终端难以随身携带等因素，PC互联网在用户参与度方面仍有较大的提升空间。微博、微信等社交App的崛起，极大地降低了大众参与信息生产与传播的门槛，让人们进入了真正意义上的自媒体时代。

此前，微博、微信等新媒体平台以图文内容传播为主，因为流量成本较高，在没有免费WiFi的情况下，大部分用户不愿意用手机观看视频内容。近两年，流量成本明显降低，车站、酒店、商场、学区等公共场所开始提供免费WiFi服务，使人们观看、分享短视频的意愿得到了大幅提升，快手、抖音等短视频平台的用户数量迎来迅猛增长。

普通用户是短视频内容的一大来源，这类内容选择的场地、道具更贴近人们的日常生活，说明短视频内容创作的难度并不高，所有用户都可以进行内容生产。除了年轻用户之外，平台也吸引了部分老人与孩子参与，其内容同样能够受到大众欢迎。

### ◆传播裂变：短视频内容形式的创新

短视频内容形式的创新主要体现在以下几个方面，如图1–6所示。

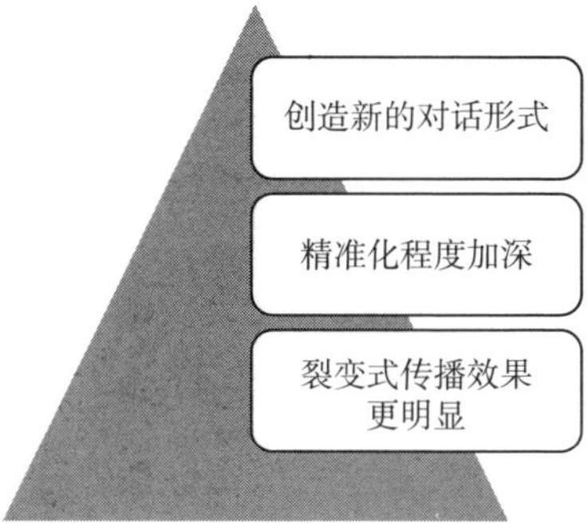


**图1-6 短视频内容形式的创新**

（1）创造新的对话形式

过去，人们只能被动地接收信息。在自媒体平台崛起的今天，越来越多的人开始作为“用户”在媒体平台进行内容生产与发布，UGC在市场上迅速崛起。面对呈现小众化特点的用户群体，视频媒体平台开始调整内容方向，旨在使自身的运营契合当前用户的信息获取习惯，牢牢吸引用户的目光，提高平台的用户黏度。

在内容生产方面，短视频逐步将用户生产内容与专业生产内容的优势相结合，注重在特定场景中表达某种情感，支持用户自拍，并为其提供特效工具，使最终呈现的内容比较随意，又具有足够的创意，更容易得到观众的认可。

这种内容形式能够在内容生产者与观众之间创造新的对话形式，为制作者提供更多自我表现的机会，同时满足观众的娱乐化需求，方便用户在碎片化时间进行内容获取，从屏幕中观看、了解他人的生活，实现双方之间的沟通与互动。

（2）精准化程度加深

短视频用户呈现小众化特征，促使短视频平台开始依据用户的兴趣点生产内容。目前，短视频内容越来越趋向于垂直化方向，这要求社交平台不断提高内容推送的精准性，确保用户能够在平台上获取符合自身需求的短视频。

为此，社交平台需利用大数据分析技术结合算法应用，对用户的信息获取行为进行分析，掌握用户的短视频观看习惯。比如，快手采用智能算法实现了内容的精准分发，进一步优化了用户体验，迅速扩大了平台的用户规模。

（3）裂变式传播效果更明显

对年轻用户群体来说，短视频比传统视频更有吸引力。用户可以将抖音、火山平台的短视频分享到包括微信、QQ空间、微博在内的社交平台上，满足自己的社交需求。另外，明星及达人的入驻进一步提高了短视频的影响力。

短视频能够实现信息的裂变式传播，在短时间内让信息实现广泛触达。本身具有明显商业化特征的短视频尤其要注重提高用户黏度。内容及关系链会对这种传播产生很大的影响，基于强关系的高质量内容传播能够在用户中建立起社交网络。而在信息爆炸时代，用户更容易认可自己所在的社交网络所传播的信息。从这个角度来说，品牌方要注重打造良好的口碑。

**◆用户赋能：赋予用户表达自我的权利**

短视频制作门槛极低，所有人都可以通过随身携带的智能手机拍摄制作短视频，并将其上传到短视频平台。短视频赋予了用户充分表达、展示自我的权利，这在以下三个方面得到了充分体现。

- 所有人都能借助短视频平台充分表达并展示自我，传递自己的声音、分享自己的专业知识或技能等。
- 选择权真正回归广大用户。在抖音等短视频平台中，用户既是生产者，又是消费者。在遵守社会伦理道德、符合平台相关规定的情况下，用户可以自由观看并分享自己感兴趣的短视频作品。
- 短视频平台为普通用户实现自我价值提供了绝佳途径。一方面，用户可以在抖音上分享好玩有趣、可以解决问题等类型的内容来吸引粉丝，将自己打造成流量大V，然后通过广告代言、内容付费等方式完成变现。另一方面，用户可以在平台上分享特色产品（家乡土特产、创意产品等），通过销售产品直接完成变现。

在生活节奏越来越快的当下，能够吸引人们关注并留存的短视频平台在商业空间方面有无限的可能。短视频平台不仅是一种媒体工具，还是一种“内容+”形式的生态系统，为创业者及企业掘金移动互联网提供了广阔机遇。

## 下半场的进击与突围

市场研究机构QuestMobile发布的《中国移动互联网2019春季大报告》指出：“当下移动互联网领域尚存在三个不饱和市场，分别是下沉市场、银发人群与低幼经济。任何平台如能在这三个市场上拥有优势，都将不断放大自己的竞争力。具体到短视频行业，用户规模已突破8亿，抖音、快手依旧占据两极，整个行业进入存量竞争。”

2019年，短视频行业已经进入了下半场，行业竞争日益加剧。短视频平台在定位、内容和目标用户上越来越趋于同质化。当然，目前短视频市场还远未触顶，新玩家的布局有助于市场进一步壮大，同时催生更多的新业态与商业模式。那么，短视频行业的下半场将呈现怎样的发展趋势呢？如图1–7所示。

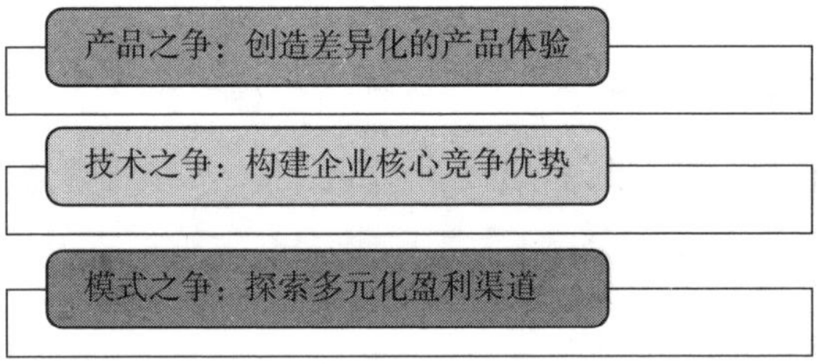


**图1–7　短视频行业的竞争趋势**

### ◆产品之争：创造差异化的产品体验

抖音、快手等头部App之所以脱颖而出，其原因主要归结于资本和流量，谁能拥有这两个方面的领先优势，谁就能成功突围。但短视频行业下半场的玩法显然不能如此：短视频用户增速趋缓，投资方更为保守谨慎，各路玩家想要笑到最后，必须调整运营思路，将更多精力放到产品、技术和商业模式中来。

在短视频行业上半场，抖音、快手凭借率先布局的优势一路高歌猛进，其竞争对手中不乏腾讯这种互联网巨头。为了与之正面对抗，腾讯甚至复活了微视，但实际效果并不理想，为何会出现这种情况呢？导致这种情况发生的原因有很多，但从最基本的商业竞争角度来看，其中一项重要原因是这些后来者没有做到产品差异化。很多用户已经养成了使用抖音、快手的习惯，而后来者又不能提供独特的功能与体验。

所以，如何获取用户呢？在短视频行业的下半场竞争中，各路玩家首先应该做的就是实现产品差异化，给用户一个选择你的理由。目前，市场上用户活跃度较高的短视频App都有清晰的定位，可以为用户创造独特的体验。创新是解决同质竞争、提升用户体验的关键。新事物层出不穷，产品生命周期越来越短，企业必须坚持创新，才能使自身具备较强的活力与生命力。

### ◆技术之争：构建企业核心竞争优势

产品差异化应该是企业的永恒追求。要想在短视频行业的下半场中突围，仅做好产品差异化是远远不够的，企业还需要加强技术研发，拥有独属于自己的核心科技，只有这样才能构筑坚实的竞争壁垒。目前，短视频行业在利用智能算法对短视频进行审核与推荐、短视频内容制作、观看界面优化、实现“边看边买”等方面仍有较大的提升空间。未来，不断提高技术实力将是短视频企业长期发展的关键。

短视频行业下半场的技术之争也是人才之争。纵观国内外的巨头企业，没有哪家企业不重视人才。为了抢占更多的优秀人才，阿里、百度、腾讯等互联网巨头甚至在美国、印度等地建立了多个研究机构，借此吸引海外的顶尖人才。当然，不是所有企业都有如此雄厚的实力，中小企业可以通过系统培训组建自己的人才队伍、加大研发投入等方式提高自身的技术实力。

### ◆模式之争：探索多元化盈利渠道

资本寒冬来袭，投资机构愈发谨慎，短视频平台很难再通过持续融资烧钱来推动业绩增长。更可行的方案是探索行之有效的商业模式，提升自身的造血能力。那么，对于短视频平台，特别是资源匮乏的中小短视频平台来说，可采用的商业模式有哪些呢？

移动互联网公司的商业模式主要是基于平台的流量变现，比如广告、游戏、电商等都是典型代表。特别是和品牌方、广告主合作——对于短视频平台来说，这种变现模式具有极为广阔的探索空间。以梨视频为例，梨视频定位为新闻资讯短视频平台，其内容更容易取得用户信任，如果平台选择一些优质品牌进行合作，向目标用户推送定制的短视频内容，可以实现用户、品牌及平台的三方共赢。

当然，由于中小短视频平台仍处于初级发展阶段，过度追求流量变现特别是广告变现并非明智选择。一方面，平台的用户规模、日活跃用户量等指标可能无法满足品牌方营销推广的实际需求；另一方面，广告会在一定程度上影响用户体验，给平台引流与用户留存造成不良影响，这是中小短视频平台难以承受的。事实上，短视频变现除了广告外，还可以通过内容版权、内容制作、内容宣发、IP孵化等多种方式实现。

整体来看，在短视频行业的下半场，短视频企业需要更加务实，更注重运营管理：在产品、技术、商业模式等方面投入足够的时间和精力，重视用户体验，逐步赢得品牌方、企业及资本机构的认可。只有这样，短视频企业才能在资本寒冬下生存下来，并不断发展壮大。

## 短视频社交新玩法

随着短视频行业迅猛发展，对互联网行业的影响愈发深远，很多互联网产品都引入了短视频。在短视频行业的下半场，在用户与内容的争夺中，回归用户诉求，寻找短视频的突破口将成为关键。

### ◆社交产品短视频化

随着短视频逐渐流行，吸引的用户越来越多，直播行业逐渐进入衰退期。为了挽救自身于危亡，直播平台推出了“冲顶大会”的直播形式，再次激活了产品，吸引了大批用户。由此可见，对于互联网产品来说，产品本身的可玩性、产品与用户的互动性是其迭代更新的基础。短视频产品也是如此，除内容迭代更新之外，也要积极寻求新的突破。比如，秒拍利用微博的社交属性将内容与用户互动相结合，推出了短视频社交。

社交化产品非常注重用户反馈，而短视频产品却更加注重内容，用户反馈比较少。直播类产品天生带有反馈属性，为了增进与用户的互动，鼓励用户积极反馈，短视频产品尝试与直播结合。比如，快手引入了短视频与直播功能，鼓励用户表达自己的想法。

总而言之，随着短视频行业的竞争愈演愈烈，将出现更多新的内容形式。对于企业来说，争夺用户将成为其实现可持续发展的最重要的一环。

### ◆短视频产品社交化

随着移动互联网迅猛发展，很多产品都已完成社交化、社区化转型，或将面临产品迭代与衰退难题。在这种市场环境下，很多商家都意识到，从本质上看，短视频市场的竞争就是用户的竞争。

短视频平台之所以能在如此短的时间内崛起，就是因为进入移动互联网时代以来，用户的碎片化时间越来越多，信息量越来越大，短视频用声音及可视化的影像使用户理解信息的速度与效率大幅提升，使用户的沉浸感有所增强。同时，用户的独立空间越来越多，孤独感越来越强烈，越来越渴望与人互动、交流，短视频平台很好地满足了用户的这一需求。

对于短视频平台来说，社交的重要意义在于可以提高用户黏性，扩大产品的使用场景。为了增强社交功能，短视频平台要进行社交化转型，而要想让自己构建的社交场景获得用户青睐，就必须及时获得用户反馈。

### ◆以用户需求为导向

无论是社交产品的短视频化，还是短视频产品的社交化，其目的都是丰富用户的使用场景。也就是说，由于用户掌握最终的选择权，用户需求是最直接的行业风向标。在短视频的上半场，用户主动拥抱平台；在短视频的下半场，泛娱乐行业大爆发，短视频平台层出不穷，为了获取更多用户，短视频平台只能回归用户需求。

在短视频的上半场，用户通过观看头部内容生产者生产的内容获得满足感；到了下半场，用户渴望表达自我，满足自己情感互动的深层诉求。

目前，在年轻群体中，短视频早已成为最主流的信息媒介，成为用户情感诉求的寄托。但随着短视频平台的数量越来越多，短视频内容暴增，出现了很多同质化的内容，优质内容逐渐成为用户的核心诉求。与此同时，内容创作难度越来越大，内容创作与用户的碎片化时间完全脱节。事实上，用户对短视频平台的诉求非常明确，就是降低门槛，创作出更多优秀的短视频内容，从而获得情感层面的满足。

以抖音与快手两大短视频平台为例，对于快手来说，优质的用户体验是其核心竞争优势，快手延续了这种优势，通过降低内容生产门槛降低了内容生产成本。对于抖音来说，优质的内容是其最核心优势，在获取了足够的用户之后，抖音降低了内容生产成本，进一步提高了内容质量。除此之外，抖音还做了创新，聚焦音乐短视频，通过音乐与视频相结合营造出强感官效果，增强用户对内容的记忆，创建了一个更好的使用场景，吸引了更多用户。

也就是说，未来，对于短视频平台来说，用户及内容将成为其生存的根基。用户是短视频市场赖以生存的重要资源，只有关注、重视用户，为用户创造价值，才能吸引并留住用户，与用户建立较强的信任关系，形成强大的核心竞争力。实践证明，如果企业为用户创造价值，用户会用信任、重复购买、口碑传播等回报企业。

第2章

# 变现渠道：短视频主要盈利模式

## 渠道1：商业定制

短视频是广受互联网用户青睐的内容形式之一，催生了前景广阔的短视频市场。经过一批先行者的积极探索，短视频市场初步形成了清晰的商业模式，具体包括商业定制、广告变现、电商带货、知识付费、平台收益等，为自媒体、内容平台、互联网平台、品牌方等提供了巨大的商业探索空间。下面对短视频内容定制这一盈利模式进行详细分析。

早在短视频市场形成初期，短视频内容定制变现模式便已存在。凭借较强的视觉冲击力、便于传播分享等优势，短视频成为个体与组织传播信息的首选，由此产生了庞大的短视频制作需求。二更、壹读是较早进入短视频内容定制领域的企业，通过为政府、品牌等组织与机构生产定制短视频获得了高额的利润回报。目前，大量传统媒体、新媒体及创业者进入了短视频制作领域，凭借自身积累的内容生产与输出经验，在短视频市场占据了一席之地。

商业定制短视频是短视频生产者根据品牌主的营销需求定向设计的短视频作品，避免了广告硬植入给用户体验造成的负面影响，可以实现短视频生产者、品牌主及用户多方共赢的短视频变现模式。

商业定制短视频既要确保内容符合用户需求，又要完成商家的预期营销目标，显然这并非易事。下面我们对基于商业定制模式的短视频玩法进行详细剖析，如图2-1所示。

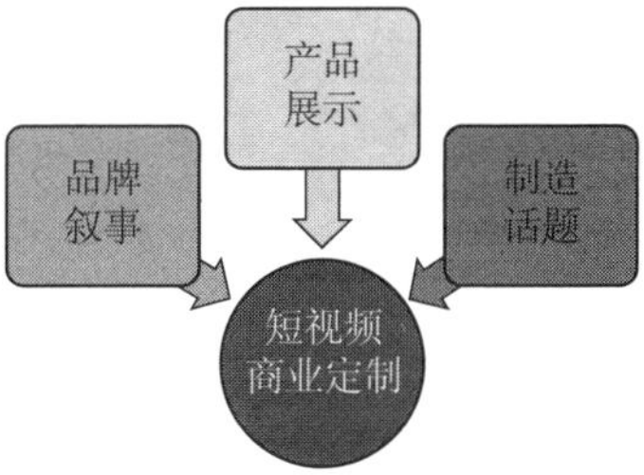


**图2-1 商业定制模式的短视频玩法**

### ◆品牌叙事

短视频采用品牌叙事方式，让用户在了解品牌故事的过程中不知不觉地对品牌留下深刻印象。品牌叙事可以借助虚拟化的品牌形象或者企业创始人、高管、员工、用户等。以企业创始人的品牌叙事为例，通过企业创始人在短视频中分享创业故事、创业理念等对品牌进行营销推广，这种模式在商业定制短视频中得到了广泛应用。受“爱屋及乌”心理的影响，用户会将对企业创始人的崇拜之情转移到企业创始人创建的品牌上。

一条视频曾经分享了一段网易创始人丁磊的采访视频——《丁磊：挣钱只是一个顺便的事情》，如图2-2所示。

图2-2　一条视频·丁磊专访

在该视频中，丁磊分享了他对种茶、养猪、网易云音乐、网易严选等产品的想法，以及对金钱和幸福的定义等。丁磊在视频中表示：“一般人做不了养猪这件事情，因为的确花了太多的钱了，这个几千万了，还交了很多学费，就弄错了之后重新再来一遍，其实养猪对我来说跟做云音乐是同一回事，我都是在用心做一款产品。”

通过丁磊在视频中的描述，向用户传递了网易用心做产品的品牌理念，有力地推动了网易口碑与品牌形象建设。

### ◆产品展示

产品展示是一种最基本的营销玩法，在营销中非常常见，但这种普通的营销玩法经过短视频包装后，往往能产生极佳的效果。

一条视频为知名冰淇淋品牌梦龙（Magnum）设计了产品展示短视频——《学会这道甜品，你就能让任何人欲火焚身……》，如图2–3所示。

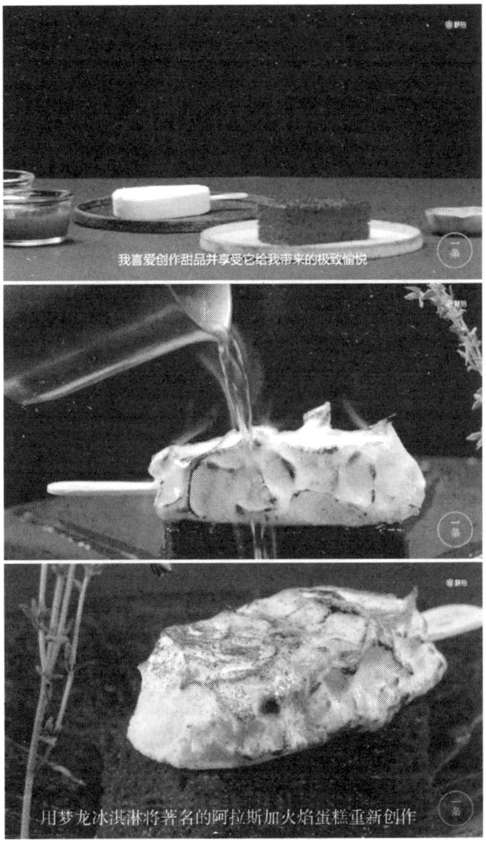


图2–3　一条视频·梦龙冰淇淋

在该短视频中，甜品师向观众展示了将梦龙冰淇淋与甜点相结合制作美味创意料理“欲火阿拉斯加”的过程。同时，甜品师在视频结尾提示观众：“在上海的梦龙Pleasure Store，还可以品尝到其他几款独特的梦龙冰淇淋甜品，欢迎朋友们一起享受愉悦。”

创意美食向来是人们关注的一大热点，将美味可口的创意料理“欲火阿拉斯加”制作过程展示出来，结合专业的场景布置、拍摄技巧等，足以让屏幕前的观众味蕾大动，吸引他们前往上海梦龙Pleasure Store品尝创意甜点。与此同时，该短视频也向观众展现了梦龙积极创新，让用户“品百味人生”的理念。

### ◆制造话题

能否成为话题，是衡量商业定制短视频传播效果的重要指标，通过在短视频中制造与产品或品牌相关的话题引发人们的讨论，有助于强化短视频的传播力，确保达成预期的营销效果。

2016年夏季，美国著名牛仔裤品牌Lee推出了新品优形丹宁。Lee希望用一种好玩有趣的方式融入目标用户的生活场景，从而快速打开市场。基于Lee的营销诉求，二更制作的短视频《男生永远不懂的终极难题》就采用了制造话题的玩法，如图2-4所示。

该短视频通过生活实验向观众充分展示了男性和女性的生活差异，并抛出了“女友的衣柜为啥永远还能再装一件新衣服？”“为什么男友认不出换了新衣服的女友？”等富有趣味性、话题性的问题，再加上这些问题非常亲民，是很多人日常生活中都会遇到的问题，最终产生了极好的传播效果。

图2-4 二更视频·Lee牛仔裤品牌

当然，商业定制短视频的玩法不仅局限于上述四种，在实践中，营销人员还可以探索更多新玩法。不过，一个成功的商业定制短视频的关键在于好内容而不是好广告：营销人员需要将产品或品牌融入好内容中，在用户心中建立良好的形象，从而助力产品销售与口碑建设。

## 渠道2：广告植入

广告植入是一种非常古老的商业模式，最早的广告植入案例可以追溯到19世纪90年代。当时，英国LeverBrothers香皂公司将香皂植入影片，希望借助影片的播放来提高自身的知名度。从本质上来看，广告植入可以看作一种在商业利益驱使下，通过将产品或服务及其代表性的视觉符号、品牌理念等信息巧妙植入媒介内容，并借此影响消费者决策与行为的活动。

广告植入虽然古老，但历久弥新，至今仍是一种促进产品销售与品牌建设的强有力的武器，在报纸、杂志、广播、电视、视频网站、社交媒体、直播平台、短视频平台、音频平台等各种媒介中都能见到其身影。从目前的短视频变现发展状况来看，广告植入是短视频最重要的变现方式，为短视频生产者贡献了绝大部分收入。

经过了上百年的发展，广告植入已经成为一种非常成熟的内容变现方式。具体到短视频变现领域，常见的广告植入变现玩法主要包括以下几种，如图2-5所示。

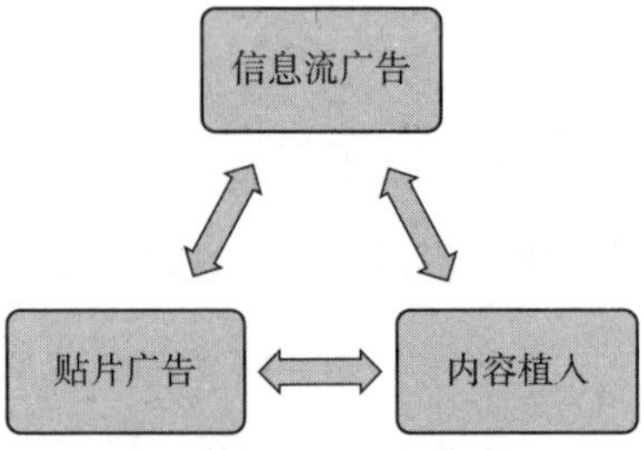


图2-5　广告植入的变现玩法

## ◆信息流广告

信息流广告是一种呈现在社交媒体用户好友动态或资讯媒体、视听媒体内容流中的广告。商家可基于平台的推荐算法对标签化用户进行定向投放，从而保障用户的原生体验。2006年，Facebook创造性地推出了信息流广告，为其后续盈利乃至成为跨国巨头奠定了坚实的基础。

信息流广告实现了广告即内容，使产品在合适的时间、场景展示在合适的人面前。信息流广告的机制是eCPM①，其计算公式为：

ePCM=CTR② × CPC③

其中，CTR指点击率，CPC指后台出价。ePCM是广告平台衡量广告商竞争力的关键指标。该指标数值越高，广告商就越能得到更多流量。从这一角度看，广告主过度依赖通过提高出价来增加广告曝光量的做法是不明智的。

快手、抖音等主流短视频平台均引入了信息流广告变现模式。但短视频平台要想通过这种模式变现，需要在日活跃用户量、日均使用时长、每分钟播放次数、广告加载率等方面达到一定的标准。抖音、快手作为头部短视频平台，这些数据的表现自然处于领先优势，为信息流广告变现带来了诸多便利。

---

① eCPM（effective Cost Per Mille）指的是每一千次展示可以获得的广告收入，展示的单位可以是网页、广告单元，甚至是单个广告

② CTR（Click-Through-Rate）是指网络广告的点击到达率，即该广告的实际点击次数除以广告的展现量（Show Content）。

③ CPC（Cost Per Click）是指每次点击付费广告，当用户点击某个网站上的CPC广告后，这个站的站长就会获得相应的收入。

根据信义资本的测算，抖音信息流广告年收入约为95亿元。快手信息流广告变现仍处于探索阶段，虽然没有具体的数据披露，但其增长空间非常广阔。智研咨询发布的《2017—2023年中国信息流广告市场分析及发展趋势研究报告》指出："信息流广告为移动广告营销市场增添了新动能，未来，信息流广告将保持快速增长，到2019年其市场规模将超过1500亿元。"

### ◆内容植入

内容植入的最高境界是无感植入，也就是让产品或品牌信息成为内容的一部分，让用户在阅读内容过程中被打动。所以，内容植入要确保广告和内容本身有较高的契合度，不能让用户产生抵触情绪，通常以剧情植入、口播、背景音乐等方式来呈现相关产品与品牌。现阶段，由于内容植入收入主要为短视频制作方所有，平台虽然也有机会从中获利，但往往为了鼓励短视频制作方持续生产高质量的内容，将这部分收入中的绝大部分或全部分配给短视频制作方。

以海底捞为例，截至2019年12月，"海底捞"在抖音话题上的播放量达46.9亿人次，如图2-6所示。最初一位用户在抖音上分享了创意美食"海底捞番茄牛肉饭"，即一晚米饭搭配料台中的牛肉粒和火锅番茄底料，仅需3元钱。

这款创意美食走红后，很多海底捞门店要求前厅服务员在顾客消费时，主动向其推荐这款美食。随着这条短视频风靡全网，再加上海底捞工作人员的积极推荐，不但"海底捞番茄牛肉饭"销量猛增，更激发了顾客对DIY美食的热情；海底捞"抖红款"隐藏菜单也越变越长，不但有蘸料类创意美食，还有粥类创意美食。

图2-6　抖音短视频·海底捞

此外，在抖音上还出现了一系列高操作难度的创意吃法，比如塞入鸡蛋、虾滑、香葱的油面筋，塞入虾滑、海鲜酱的酿豆腐等，无论顾客尝试成功还是失败，都能体会到自创美食的乐趣。

除了DIY乐趣外，海底捞走红抖音还与吃火锅短视频呈现的亲朋好友相聚的热闹场景密切相关。日渐加快的生活节奏使亲朋好友相聚的时光更加弥足珍贵，而海底捞抖音短视频呈现的同学聚会、家庭聚会、生日聚会、朋友聚会等场景可以触发人们对亲情、友情等情感的渴望。在此基础上，以吃火锅为载体，和亲朋好友在海底捞相聚也就成了一件很自然的事情。

### ◆贴片广告

和前两种广告植入模式相比，贴片广告简单粗暴地将广告呈现在用户面前，是一种典型的硬植入广告，对用户体验有一定的负面影响，这和短视频平台以用户体验为中心的发展理念存在矛盾。不过，贴片广告具有曝光量大、触达率高等显著优势。

贴片广告包括平台贴片和短视频制作方贴片两大类，二者的主流展示位置存在一定的差异。平台贴片广告一般展示在视频前，短视频制作方贴片通常展示在视频后。虽然这种广告方式在相当长的一段时间里不会消失，但其市场空间可能会持续缩减。

## 渠道3：电商带货

作为广受用户青睐的内容形式，短视频与电商的碰撞融合尤其值得我们期待。与传统的电商卖家用图文介绍产品相比，短视频更符合当前人们获取信息的习惯。文字或图片需要用户阅读和下滑网页查看，而且手机屏幕较小，不适合浏览大段文字信息。而观看短视频时，用户只需点击播放，即可方便快捷地获取产品的相关信息。

《2019短视频电商生态解析报告》指出，短视频电商用户以“80后”到“95后”为主，平均年龄27.8岁，并且男性用户占比偏高，为57%。在产品类型方面，服饰、日化用品、食品饮料占比位列前三，分别为19%、18%和15%。KOL是促进这些产品转化的关键。

2018年以来，抖音、快手等短视频平台在电商领域投入了大量资源。以抖音为例，2018年3月，抖音与淘宝打通购物车功能；2018年5月，抖音上线红人自有店铺入口；2018年12月，抖音发布购物车功能开放申请条件，并推出“好物联盟”招募计划；2019年4月，抖音推出“小米有品”“京东好物街”“醉鹅娘葡萄酒旗舰店”等多款电商小程序，并内置带货功能，当用户进入小程序后点击“拍抖音”功能，便可为拍摄的抖音视频添加商品链接；同一时间，抖音宣布和京东达成战略合作，在“618”购物节期间实现京东购物车接入抖音；2019年5月，抖音推出商品搜索功能，即通过小程序接入而进入商品库，由于所有商品被同步至站内搜索引擎，用户通过搜索关键词即可获取商品的信息链接。

短视频有利于添加购物通道，便于转化，为短视频电商变现提供了无限可能。通过电商渠道进行短视频变现的玩法非常多元，比如品牌方可以在短视频平台分享相关产品的短视频，并提供购物链接，吸引用户购买，从而完成变现；KOL可以在平台与电商卖家合作，也可以将用户导流至自己的网店，从而完成变现；自营电商平台可以定制生产短视频内容，将短视频平台用户导流至电商平台从而完成变现。

美妆无疑是短视频电商带货最成功的品类之一，除美妆外，服装、食品、母婴、珠宝等品类也初见成效。在对大量短视频电商带货案例进行总结之后发现，短视频电商带货催生的爆款产品有一些共同特征，如图2–7所示。

图2–7 短视频爆款产品的特征

### ◆有创意、好玩、有趣

正所谓“好看的皮囊千篇一律，有趣的灵魂万里挑一”。短视频受众相对年轻，而年轻人对有创意、好玩、有趣的内容非常感兴趣。所以，在短视频电商带货中选择这类产品往往可以取得较高的销量。

以珀莱雅泡泡面膜为例，如图2–8所示。在抖音短视频中，产品体验师将珀莱雅泡泡面膜贴在脸上大概1分钟后，面膜冒出很多小泡泡，还会出现类似吃“跳跳糖”的声音：这种新奇体验颠覆了人们对面膜的认知，使很多观众眼前一亮，激发了他们的购买热情。

图2–8　抖音短视频·珀莱雅泡泡面膜

### ◆高性价比

高性价比产品对顾客的吸引力有增无减。在日常生活中，人们也愿意将高性价比商品推荐给亲朋好友。对抖音好物榜的相关数据进行统计可以发现，上榜次数最多的产品价格区间为10～50元，且66%的商品单价在100元以内。

在抖音带货达人“正善牛肉哥”分享的短视频中，我们经常可以听到一句话——“找到源头，把价格打下来”，这句话正体现了他向粉丝推荐高性价比产品的理念。

**◆较强的实用价值**

这类产品是人们日常生活中使用的产品，可以解决一些生活痛点，提高生活品质。比如：兼具手机壳与自拍杆功能的自拍杆手机壳；安全高效切菜的切菜神器；在天黑和开车场景中可单手拔插充电器的磁吸数据线；可保护隐私的防偷窥钢化膜；等等。

**◆满足用户猎奇心理**

猎奇心理是人们探索和求知的内在动力之一，所以，满足人们猎奇心理的产品往往也能在短视频电商带货中取得较高销量。比如外观像毛巾一般的毛巾蛋糕，看着很脏的脏脏包，像灯泡一样塞在嘴里拿不出来的灯泡糖等，都是利用了人们的猎奇心理成为短视频电商带货中的爆款。

## 渠道4：内容付费

很多网络视频媒体在发展到一定阶段后，会因成本问题遭遇瓶颈，如内容生产成本高、新用户开发难等。而平台要想调动用户的积极性，就要持续输出内容，通过这种方式提高用户的活跃度，进而实现粉丝转化。目前，短视频平台主要通过流量转化、注意力转化、IP开发等方式获取收益，应用较为普遍的变现模式当属内容付费。

在美国市场份额位居前列的三家网络视频公司（Hulu、Netflix与Amazon Instant Video）中，Hulu通过与广告主合作盈利，Netflix向会员用户收取费用，Amazon Instant Video采用付费收看模式，并通过推出增值服务获取收益。抖音平台会承接商家的营销短视频，在合作过程中，商家需要付出相应的推广成本。

近两年，很多媒体平台将发展重点转移到了内容生产上，通过向用户提供高质量的内容突出平台的竞争优势，逐步培养用户的内容付费习惯。内容付费的变现模式主要包括以下三种，如图2-9所示。

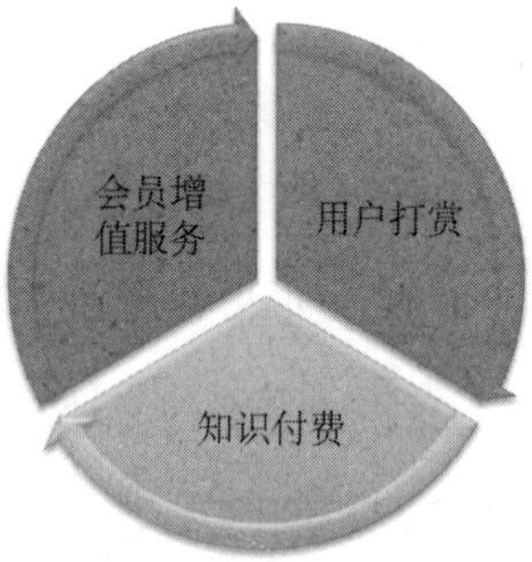


图2-9　内容付费的变现模式

### ◆用户打赏

目前许多短视频平台都推出了用户打赏功能，比如美拍、快手、秒拍、火山小视频等。用户会为自己喜爱的内容创作者打赏，向他们赠送虚拟礼物，来表达自己对他们的支持。创作者则通过在平台进行直播或发布视频获得礼物打赏，与平台以分成的形式获取收益。

由于头部短视频创作者在粉丝群体、流量规模等方面具有较强的领先优势，他们可以很自然地通过打赏获得更高的收益，而普通短视频创作者能够借此获得的收入非常低。所以，很多人认为打赏模式对头部短视频创作者更为重要。

但事实真的如此吗？答案恐怕是否定的。以一条、二更为代表的短视频达人根本不缺少变现渠道，仅商业定制短视频就能为他们带来巨额收益，一条短视频数千元的打赏对他们的吸引力非常有限。

但对于普通短视频创作者来说，每一笔打赏都非常重要：虽然一次打赏可能只有几元钱，但他们可以从中获得鼓励，坚持创作。

### ◆知识付费

知识付费模式对内容质量要求较高，给短视频制作方带来了较大的挑战。现阶段，国内用户尚未形成内容付费习惯。虽然文献信息、音乐类内容的付费模式逐渐成熟。但短视频内容付费仍处于起步阶段，很难满足短视频创作者的生活需要。从本质上来看，短视频知识付费的逻辑还是让用户花钱买内容。目前，可以让人们付费的短视频内容主要有两类，一类是有价值的内容，另一类是排他内容。

有价值的内容可以缓解人们的知识焦虑。人们付费购买短视频后，期望可以节省时间成本，获得高质量内容，从而得到充实感和满足感。从这个意义上来讲，短视频可谓是当代社会的“精神鸦片”，也是推动商业列车的永动机。

因为排他内容是独家供应，除此之外没有其他渠道可以获取，人们会心甘情愿地付费购买。从视频网站、音乐等内容行业的发展情况来看，用户忠于优质内容，而非忠于优质平台。所以，视频网站、音乐平台每年要花费大量资金购买优质内容，未来，短视频平台也可能出现类似情况。

◆**会员增值服务**

短视频平台会员增值服务变现尚存在较大空白。我们不妨参考长视频平台，腾讯、爱奇艺等视频平台在付费会员领域进行了长期探索，虽然已经取得了一定成绩，但距离预期目标尚存在较大差距。短视频平台想要在这方面取得较大突破，是较为困难的。

想要让用户成为付费会员，短视频平台需要确保会员增值服务具有一定的吸引力，借鉴视频网站、音乐平台、直播平台的发展经验，比较适合短视频平台的会员增值服务主要有去广告、赠送虚拟礼物、专享内容、内容抢先体验等。

## 渠道5：平台收益

平台收益模式是指短视频创作者从平台方获取收益的变现模式。短视频平台之间存在激烈的竞争，而优质内容是短视频平台赖以生存的基础，有了优质内容才会有用户、广告商、投资人等。所以，短视频创作者可以凭借优质内容与平台共享收益。常见的短视频平台收益模式主要包括以下几种，如图2-10所示。

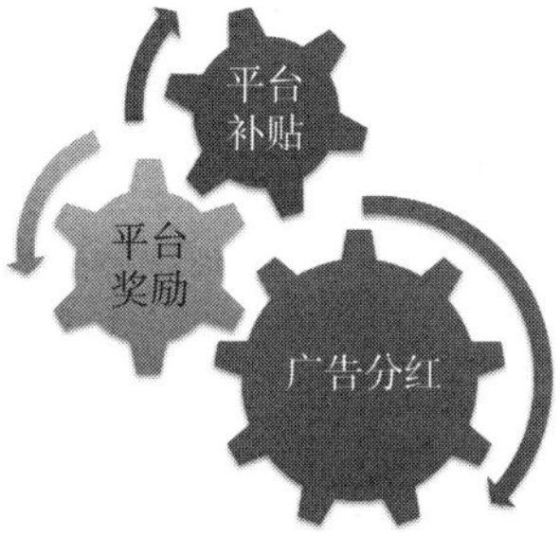


图2-10 短视频平台收益模式

**◆广告分红**

广告分红的原理非常简单：创作者将短视频作品上传到短视频平台后，平台会利用这些内容展示广告，而广告商需要为广告付费。为鼓励创作者提供更多优质内容，吸引更多广告商，平台会将广告收入的一部分分给创作者。

当然，短视频创作者想要获得平台广告分红，必须满足一定的条件，比如入驻平台时长要达到一定标准，一段时间内没有出现发布低俗内容、刷点击量或评论量等违规行为，点击量、粉丝量达到一定要求等。

**◆平台补贴**

当前，短视频行业正处于快速增长期，各平台为抢占更多的市场份额，提高用户规模、用户活跃度，需要建立完善的内容生态。而留住优秀的内容创作者是短视频内容平台完善内容生态的关键，为此，短视频平台纷纷推出了补贴计划。

比如，抖音于2019年4月25日推出“Vlog十亿流量扶持计划”，支持创作者创作优秀的原创Vlog。自活动之日起，拍摄或上传时长大于30秒的原创Vlog视频，添加活动页话题，即可参加该活动。只要作品在播放量、内容与话题相关度等方面满足一定条件，就能获得流量扶持、抖音Vlogger认证等奖励。

在快手平台，商家是重要的生产者和创作者。2019年8月28日，快手在北京召开“商业新万象·2019快手商家号升级”发布会。在发布会上，快手商家号公布了自己的发展目标，并发布“本地合作人招募计划”。未来一年，快手商家号将覆盖上百个城市的服务商，并将发放6亿元的激励金，扶持广大商家号成长。

2019年5月10日，百度好看视频总经理宣布针对创作者推出“Vlog蒲公英计划”，为创作者提供5亿元现金补贴，以及20亿流量支持。满足要求的创作者将获得2～4倍的收入倍增：完成Vlog认证的创作者，收益补贴翻2倍；与好看视频签约首发的创作者，补贴翻3倍；平台粉丝量5万以上的签约独家创作者补贴翻4倍。此外，好看视频还建立了由创作学院和创作中心构成的创作者成长体系，其中，创作学院开设了“好看课堂”“红人学院”等课程。

### ◆平台奖励

为引导创作者帮助平台完成吸引新用户、延长用户停留时间、创作优质内容等目标，很多短视频平台推出了一系列平台活动，参与活动并完成任务的创作者可获得现金、实物、流量等奖励。常见的短视频平台奖励活动包括以下几种，如图2-11所示。

**图2-11 短视频平台奖励活动**

（1）邀请新用户

比如，快手为吸引更多新用户，推出了邀请新用户领现金的活动。参与该活动的创作者点击快手App设置进入“实验室”页面，之后点击“邀请新用户”选项便可通过邀请新用户获得现金奖励，邀请一位新用户最高可得8元现金，每个账户最高可得100名新用户的现金奖励。

（2）达到创作量要求

创作者每月创作的原创作品或优质作品达到一定数量后，便可获得平台的补助现金。由于不同领域内容对创作能力要求不同，短视频平台对各领域的创作量要求及奖励标准也有所不同。阿里文娱旗下的内容创作平台大鱼号在大鱼奖金计划的基础上，还设置了万元专项奖金。优质短视频创作者仅凭奖金每月便可获得2万元收入。

（3）达到播放量要求

部分短视频平台推出的活动要求播放量达到一定要求后便可获得奖励，播放量高的作品不但可以获得优质展示位，还能得到实物奖品、现金等奖励。比如大鱼号针对MCN机构推出了“大鱼合伙人”计划，MCN机构相关账号在平台的累计年播放量达到约定数值后，便可获得100万元的现金奖励。

第3章

# 生态图谱：国内主流短视频平台

## 抖音：记录美好生活

2016年9月，一款音乐创意短视频社交软件——抖音短视频正式上线，在这个面向年轻人的15秒的音乐短视频社区中，用户可以自主选择歌曲，拍摄一段15秒的短视频，上传到平台。此外，抖音短视频的制作门槛低：平台为用户提供了各式各样的背景音乐、特效道具，用户只需出境表演即可；如果原创能力差，可以模仿其他人进行内容创作。这种特性让抖音从众多短视频产品中脱颖而出，受到众多年轻人的青睐。抖音短视频的部分产品界面，如图3-1所示。

图3-1 抖音短视频

### ◆功能特色

概括而言，抖音的功能特色主要体现在以下几个方面，如图3-2所示。

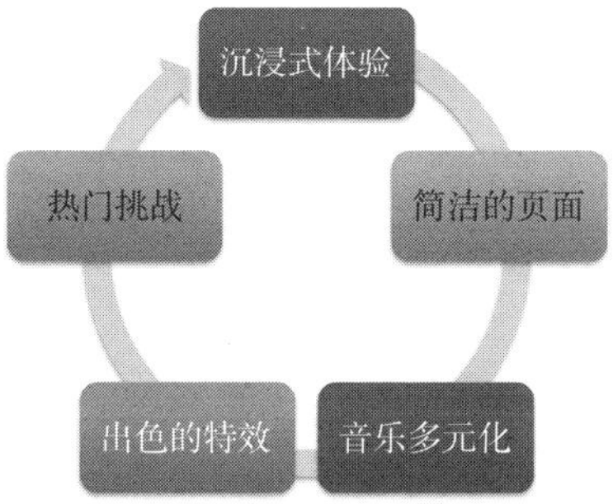


图3-2 抖音的功能特色

（1）沉浸式体验

用户打开软件直接进入视频播放界面，这是抖音与其他短视频的不同之处。竖屏播放、内容随机推送也减轻了用户的选择负担。另外，精准的算法，可以让用户在有限的时间里观看更多优质的、符合其偏好的短视频，这些都增强了用户观看视频时的沉浸感。

（2）简洁的页面

抖音的视频播放页面只保留了几项必要的功能，比如点赞、评论、转发等，将其他影响观感的功能全部去除。在视频拍摄过程中，拍摄界面的大部分按钮都会隐藏起来，只显示拍摄按钮与完成按钮，将按钮对短视频拍摄的干扰降至最低，使用户体验得以大幅提升。

（3）音乐多元化

抖音的音乐库不仅包含平台为用户提供的音乐，还支持用户连接百度音乐进行搜索，为用户提供了多元化的选择，而且支持用户在拍摄短视频的过程中自由地选择音乐并剪辑。

（4）出色的特效

抖音为用户提供了强大的美颜与滤镜效果，极大地提高了用户展示自我的信心与勇气；为用户提供了很多视频特效与视频道具，让用户可以拍摄更多有趣、有质感的短视频。

（5）热门挑战

抖音发起的热门挑战与热门话题、热门音乐息息相关，每个挑战都会根据热度与发布时间排名，激发年轻人参与的热情，提高“中部”内容生产者的活跃度，鼓励其生产出更加优质的内容。

### ◆产品体验

抖音短视频的定位非常明确，就是一款面向年轻人的音乐创意短视频App，用“拍摄+音乐=短视频”的形式呈现内容，塑造了鲜明的品牌形象。

（1）内容起点低而不俗

抖音短视频有两大定位，一是音乐，二是潮流，凡是符合这两个条件的短视频都能上传到平台，极大地降低了内容发布门槛。但为了保证内容质量，创建一个健康、可持续的内容生态，抖音对短视频内容的审核非常严格，任何包含不良言论、不良倾向、不良色彩的短视频都会被剔除。在内容审核人员的影响下，抖音用户变得愈发理智，对平台上的作品进行理智的交流讨论，达成共识，真正做到了不盲从、不盲传，共同维护平台良好的内容生态。

（2）淡化选择机制

在播放机制方面，抖音做了一个大胆创新。抖音只有一个全屏模式，没有播放目录，没有视频菜单，不支持快进后退，利用强大的智能推荐算法自动为用户推送其可能感兴趣的短视频，这就意味着用户无法自主选择，只能不停地滑动手指——下一个视频可能正好切中自己的兴趣点，也可能与自己的兴趣无关。在这种模式下，用户就会像挖掘宝藏一样，不停地滑动屏幕，期望下一个“惊喜”。抖音正是用这种交互方式让用户沉浸其中，无法自拔。

（3）“去中心化”的内容分发

借助强大的智能推荐算法与人工精选的内容推荐模式，抖音会根据用户的兴趣偏好为其推送合适的短视频。如果用户有关注的短视频内容生产者，在浏览短视频的过程中不仅能收到这些生产者的短视频，还能浏览更多相关优质内容。

目前，在短视频领域，抖音的下载量高居榜首，已成为企业营销的标配。未来，抖音将在流量变现、短视频营销、短视频社交等方面持续发力，借5G规模化商用之势抢占下一轮风口。

## 快手：记录世界，记录你

快手是由北京快手科技有限公司及其关联公司开发的一个“记录与分享生活”的短视频平台。其前身是诞生于2011年3月的“GIF快手”，这是一款用于制作、分享GIF图片的手机应用。2012年11月，“GIF快手”从单纯的工具应用发展为短视频社区，2014年11月正式更名为快手。凭借独特的内容调性，强大的UGC内容运营，快手在众多短视频平台中脱颖而出。截至2019年6月，快手月活用户量突破4亿，日活用户量突破2亿。快手短视频的部分产品界面，如图3-3所示。

图3-3　快手短视频

### ◆快手发展的三个阶段

快手的发展经历了三个阶段：第一个阶段是快速成长期，从V1.0版本到V2.3版本；第二个阶段是转型探索期，从V2.4版本到V3.95版本；第三个阶段是二次成长期，从V4.01版本到V5.0版本。

从V2.4版本开始，快手开始向社区转型，经过2年的探索，逐渐从单一的工具转变为社交工具。2012年10月，快手发布V3.4版本。在此阶段，快手在App Store的评分不断下降，一路跌至1.5分，使快手的社区转型之路受到了巨大的冲击。2014年快手发布V4.03版本，成功逆转这一颓势，不仅顺利完成了转型，还开始了新一轮迅速发展。2015年，快手完成B轮融资，用户量突破1亿，在App Store“视频和GIF”类别中高居榜首。

### ◆主要功能

快手短视频的功能非常丰富，具体分析如下：

- **快手热榜**。该功能会实时更新最热门的短视频，明星、健身、猎奇、唱歌、舞蹈、搞笑段子等，内容非常丰富，让用户目不暇接，持续吸引用户关注。
- **快手同城，找到你喜欢的人**。该功能可以准确定位用户，让用户了解身边的人与事，还支持用户向身边的陌生人发送消息。
- **7秒短视频拍摄**。该功能支持用户分段拍摄短视频，甚至还能拍摄17秒的长视频。
- **专业级配乐**。有专业音乐人编制的配乐，使用户可以根据自己的短视频内容自由选择。当然，用户也可以使用自己的音乐为视频配乐，创作个性化的短视频。
- **多样化滤镜**。快手为用户提供了30多款滤镜，还有美颜美妆滤镜、大片级的电影滤镜等，帮助用户美化视频呈现效果。

- **电影级视频剪辑。**快手支持用户逐帧编辑、分段剪辑，让用户可以充分释放自己的创造力与想象力。
- **独家气泡贴纸。**快手为用户提供了200多款贴纸和50多款气泡，让视频更有趣、更个性。
- **分享到各大社交平台。**用户可以将自己在快手制作的短视频分享到Instagram、新浪微博、QQ、微信、人人网等社交平台。
- **其他功能。**快手可以帮用户优化系统，节省空间与电量。

### ◆产品定位

快手的定位就是“记录世界，记录你”，主要用来记录生活中有趣的人与事，并分享给所有人。

相较于其他短视频平台来说，快手短视频的主要用户地域偏远、收入低、年龄低、学历低，以四五线城市的年轻人、农村用户及中学生为主，这类人生活单调、生活节奏比较慢，需要一个平台打发时间。另外，这类人的社会关注度比较低，没有特殊技能，与主流的互联网世界有些脱节，但希望获得关注，快手就为他们提供了这样一个平台。

2019年6月，快手大数据研究院发布的《2019年快手MCN发展报告》显示，2018年底至今，已有600多家MCN机构入驻快手，涉及20多个垂直细分领域，发布作品量共80多万，总播放量超过2000亿，快手正在形成强大的内容创作者生态。作为这一生态的重要合作伙伴，快手利用工具、服务等为MCN机构赋能，打造活跃的社区生态与多元的变现路径。总而言之，快手未来的发展非常值得期待。

## 火山：分享生活，让世界为你点赞

火山小视频上线于2016年12月，是今日头条推出的一款15秒原创生活小视频社区，主要功能是利用小视频帮用户获取内容、展示自我、积聚粉丝、发现同好。在火山小视频中，用户可以自己上传短视频，为短视频添加文字特效。用户每发布一条短视频就能获得一定的火力值，将火力值积累到一定数量就可以变现。火山小视频利用这种方式激发用户的创作热情，保证平台持续不断地涌现新内容。火山小视频的部分产品界面，如图3-4所示。

图3-4 火山小视频

### ◆用户画像

火山小视频发布的数据显示，2019年6月，火山小视频月活用户量超过了1.1亿，日活用户量超过了4300万，小视频日均播放量超过了60亿，人均单日使用次数为19次，单日使用时长为66分钟。

在火山小视频的用户中，男性用户占比51%，女性用户占比49%；从年龄来看，核心用户群体主要分布在25～35岁，占比49%；从地域来看，火山小视频的用户主要分布在三线及以下城市，占比59%，其中三线城市的用户最多，占比26%。

◆功能特色

火山小视频的功能特色，具体体现在以下几个方面：

- **直播首页浏览模式**。支持大图浏览与小图浏览，用户可以根据自己的需要任意选择。
- **直播内容小图展示**。在大图浏览模式下，用户在浏览直播时可以直接查看直播间的动态。
- **视频保存**。用户可以将自己与他人的视频保存到本地。
- **美颜、滤镜、瘦脸**。火山小视频为用户提供了15种不同风格的滤镜，美颜、瘦脸功能分为5个层级，用户可根据需要自由选择。
- **定时拍摄**。用户可以设定拍摄时间，比如0秒、3秒、5秒等。
- **镜头速度**。用户可以自主设定镜头速度，比如正常、快镜头、慢镜头等。
- **提前缓存视频**。用户可以在WiFi环境下提前对短视频进行缓存。
- **弹幕**。用户可以在观看直播的过程中发送弹幕，引起主播的注意。
- **榜单**。火山小视频有很多榜单，比如小时榜、主播榜等。
- **社区货币**。火山小视频有很多独有的社区货币，比如活力值、钻石、人气礼物、钻石礼物等。

- **火山号/二维码。**每个用户都有自己专属的火山号与二维码。

### ◆运营模式

今日头条上线火山小视频的目的就是对标快手，所以其产品界面与快手非常相似，最大的不同在于火山小视频上线了直播功能，但火山小视频的直播与映客、花椒的直播不同，主要表现在以下两个方面：

一方面，火山小视频的主播对外貌要求不高，虽然女性主播占比仍然很大，但没有产生太强的头部效应；观看直播的观众虽然不多，但直播间的氛围非常好，主播可以与观众实时互动，拉近彼此间的距离。

另一方面，内容推荐方式不同，火山小视频可以将附近的直播直接推送给用户，让用户之间平等地交流。

虽然火山小视频有很多优点，但也存在一些不足，比如产品细节部分的交互逻辑参差不齐，部分规则的制定有些混乱，用户黏性较差。经过一段时间的运营，火山小视频也面临了用户流失、活跃度下降等问题。火山小视频要想实现可持续发展，必须采取措施拓展用户群，更新产品功能，使各项规则标准化，增强用户黏性。

## 微视：发现更有趣

微视是腾讯旗下一个短视频创作与分享平台，于2013年9月28日上线，可以说是国内最早的短视频App。用户不仅可以使用QQ号或微信号登陆微视，还可以将拍摄的短视频分享到微信、朋友圈等。2017年4月10日，腾讯关停微视。后来，随着抖音、快手等短视频平台崛起，腾讯再次启动微视。微视短视频的部分产品界面，如图3-5所示。

图3-5 微视短视频

2017年8月18日，微视3.2.0版本上线，页面全新改版，新增动效贴纸，短视频的清晰度大幅提升。

2018年春节期间，通过发放微视礼包，微视新增数百万用户。

2018年4月2日，微视推出三大首创功能——视频跟拍、歌词字幕、一键美型，并打通QQ音乐千万正版曲库，实现了品牌与产品的全面升级。

2018年5月30日，微视发布iOS4.3.1版本，新增“长腿功能”，利用腾讯AI Lab黑科技让用户可以在拍摄短视频时一键调节腿部长度，修饰自己的身材比例。为此，微视成为国内首款自研瘦腿的短视频App。

### ◆产品定位

微视的品牌定位是“做年轻人的潮流分享社区”，让年轻人产生

“玩微视是一种潮流”的认知，鼓励年轻人通过微视挖掘更多有趣内容，让微视成为年轻人分享潮流与趣味的平台。微视的slogan是“发现更有趣”，意为发现更多有趣的人、事或生活态度。基于微视的产品定位，我们可以总结出微视的三大核心价值：第一，保持好奇，寻找生活的乐趣；第二，展现与众不同的自我；第三，打造微视达人的潮流文化。

**◆用户分析**

在微视的用户中，女性用户的数量多于男性，用户年龄普遍较小，主要集中在16～35岁，因为这个年龄段的用户比较容易接受新事物，追求潮流，喜欢表达自我、彰显个性，渴望获得认同。在微视所有用户中，对音乐感兴趣的用户占到了76.3%，其中对流行时尚话题感兴趣的用户又占到了30.7%。

从用户分布区域来看，在微视用户中，有10.48%的用户分布在广东省，河南省次之。66.9%的用户分布在三线及以下城市。

**◆特色功能**

与其他短视频平台相比，微视新增了一个特色功能，即30秒朋友圈视频功能。用户只要下载微视App，注册微视账号，在上传短视频的同时勾选“同步到朋友圈”，就可以在30秒内将短视频分享到朋友圈。

另外，微视还新增了很多短视频制作功能，比如美颜、滤镜、贴纸、音乐、特效等，用户在制作短视频的过程中可以添加一些个性化元素，丰富短视频内容，提升短视频质量，增强短视频的趣味性。

例如，借助新增的“照片卡点”和“视频模板”功能，用户可以一键生成精美的短视频。如果用户喜欢小动物，就可以利用微视提供的“萌宠”模板，将小动物的可爱瞬间制作成短视频并同步到朋友圈。外出旅行时，用户可以使用微视提供的旅行模板，将旅途中拍摄的图片或视频配上自己喜欢的音乐制成短视频，同步到朋友圈。

需要注意的是，用户勾选“同步到朋友圈”之后，如果视频时长超过30秒，发布时需要点击“编辑”选项，从中节选30秒；如果短视频时长不足30秒，就可以完整地同步到朋友圈。如果用户想将已经发布的短视频同步到朋友圈，只需在微视的个人主页找到发布的短视频，点击“同步到朋友圈”按钮即可。

微视上线该功能的同时还增加了现金奖励功能，用户点击“我”右上角的“任务中心”，完成“新手现金任务”，在朋友圈同步分享30秒的短视频就能领取现金奖励。

作为腾讯在短视频领域布局的战略武器，未来，微视必将上线更多特色功能，带给用户更有趣、更好玩的体验。

## 西瓜：给你新鲜好看的

2016年5月，今日头条上线视频板块，并在同年9月宣布出资10亿元扶持短视频创作。2017年6月，头条视频更名为西瓜视频，并确定了新的品牌口号——“给你新鲜好看的”。西瓜视频的部分产品界面，如图3-6所示。

图3-6 西瓜视频

## ◆产品属性

● **用户画像**。西瓜视频的用户有49%分布在一、二线城市，男性用户占比57%，女性用户占比43%，年龄以18～40岁为主。

● **视频时长**。西瓜视频的时长长达几分钟，可以让品牌完整地讲述一个故事，非常适合用来进行品牌营销。

● **展现形态**。西瓜视频以横屏视频为主，可以对用户产生较强的吸引力，增强用户的沉浸感。

## ◆产品特色

总结而言，西瓜视频的产品特色大致包括以下四个方面，如图3-7所示。

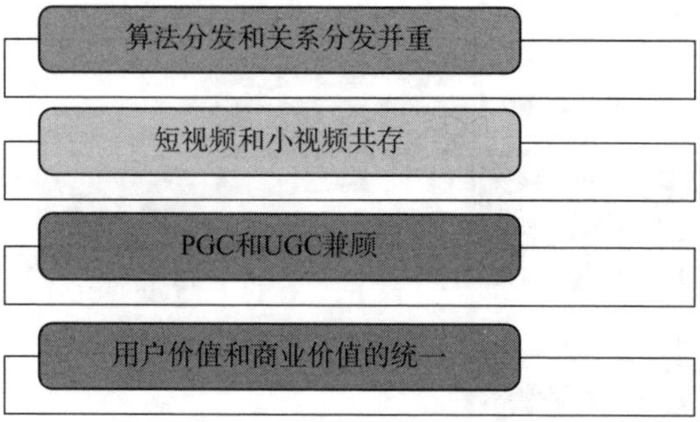


图3-7　西瓜视频的产品特色

（1）算法分发和关系分发并重

算法分发与关系分发是打通短视频生产与消费的两种方式，算法分发是机器决定向用户推送什么内容，关系分发是用户的关注对象决定向用户推送什么内容。在西瓜视频中，算法分发与关系分发实现了统一。

今日头条之所以能在信息分发领域独占鳌头，在很大程度上依赖其先进、成熟的算法。西瓜视频首页的分发体系完全由算法驱动，它会根据用户的一系列行为，比如点击、观看时长、进度条拖动、上滑、下滑等判断用户的喜好，向用户推送内容。因为西瓜视频与头条App实现了深度连接，所以西瓜视频可以利用头条的算法模型对用户进行精准画像，创建完善的分发模型。

算法分发虽然效率很高，但为了创建一个长效的内容生产激励机制，西瓜视频推出了关系分发。首先，西瓜视频强调账号体系，让用户先登录再观看；其次，西瓜视频将关注流放入一级菜单，让用户可以在第一时间找到自己关注的人；最后，每个视频下方都添加了关注按钮，引导用户点击关注。通过这一系列操作，西瓜视频不仅缩短了用户触及偶像的路径，还简化了内容生产者获取粉丝的流程。对于内容生产者来说，粉丝就是社交资产。随着社交资产不断积累，内容生产者对平台的依赖度也越来越高。

（2）短视频和小视频共存

西瓜视频实现了短视频与小视频并存，短视频时长为1～10分钟不等，小视频时长为15～55秒不等。西瓜视频的这种设置有效权衡了存量与增量之间的关系，存量指的就是横版短视频，增量指的就是竖版小视频。横版短视频的制作团队比较专业，制作流程比较成熟，在题材范围、表现方式、叙事能力等方面有非常显著的优势。竖版小视频作为行业增量，给短视频市场注入了新的风向标。

面对存量市场与增量市场，抖音短视频、火山小视频、西瓜视频三者有非常明确的分工，抖音短视频与火山小视频负责生产内容，西瓜视频负责分发。也就是说，西瓜视频的小视频全部来源于抖音短视频和火山小视频，而它将“小视频”放在第二重要位置，足见其对这个增量市场的重视。

（3）PGC和UGC兼顾

西瓜视频对自己的定位是PUGC短视频平台，因为它实现了PGC和UGC的统一。PGC指的是专业生产内容，UGC指的是用户生产内容，凝聚的是广大用户的智慧与创意。

一方面，西瓜视频借助今日头条的算法让UGC内容脱颖而出，调动UGC内容生产者创作的积极性；另一方面，西瓜视频投入重资扶持PGC内容生产者。2016年，西瓜视频宣布投入10亿元扶持视频创作者；2017年，西瓜视频宣布推出20亿元的短视频内容联合出品基金。目前，西瓜视频上的PGC机构超过了10万家。

国内几乎所有的MCN机构都入驻了西瓜视频，今日头条还为此推出了

"西瓜视频创作者平台"，并开通了小程序，推出了短视频领域的"金秒奖"。2017年，有超过13万份作品参与评奖。同时，西瓜视频还与优酷等平台达成短视频内容合作协议，使平台上的专业内容得以不断扩充。

（4）用户价值和商业价值的统一

对于内容生产者来说，在为用户创造价值时就具备了商业价值，但不是所有内容生产者都能做好从用户价值到商业价值的转化。一般来讲，用户价值有三个指标，分别是用户规模、用户活跃度、用户ARPU值。目前，西瓜视频的月活用户量已经超过1.9亿，日均播放时长超过了70分钟。

至于用户ARPU值则是由西瓜视频成熟的商业变现体系实现的。西瓜视频的变现体系与今日头条同属一体。西瓜视频不仅能享受今日头条的客户群，还能分享今日头条的广告产品与算法。借助这个成熟的商业体系，西瓜视频可以很好地将用户价值转化为商业价值，实现用户价值与商业价值的统一。

未来，西瓜视频将以合作的方式介入视频制作源头，与内容创作者合作开发短视频节目，推出更多独属于自己的内容。西瓜视频极有可能成为短视频领域拥有更多优质PGC节目的MCN机构，孵化出更多电影、电视剧、综艺等优质IP，成为超级MCN机构。

## 美拍：每天都有新收获

美拍是美团公司推出的一款"手机直播+短视频"的短视频App，2014年5月正式上线，以"女生最爱的潮流短视频社区"为定位，从专注女性化生态、打造多元MCN生态、引领潮流文化三个角度切入，紧紧围绕“女性化生态”进行布局，推出了舞蹈、美妆、宝宝、运动、萌宠、手工、穿搭、美食八大核心内容。美拍不仅为用户提供多频道短视频内容，还支持用户利用内置滤镜及MV模板制作短视频及照片电影。2016年，美拍上线直播功能。美拍视频的部分产品界面，如图3-8所示。

图3-8 美拍视频

## ◆产品进阶

美拍的产品发展轨迹，可以从以下几个方面来概括，如图3-9所示。

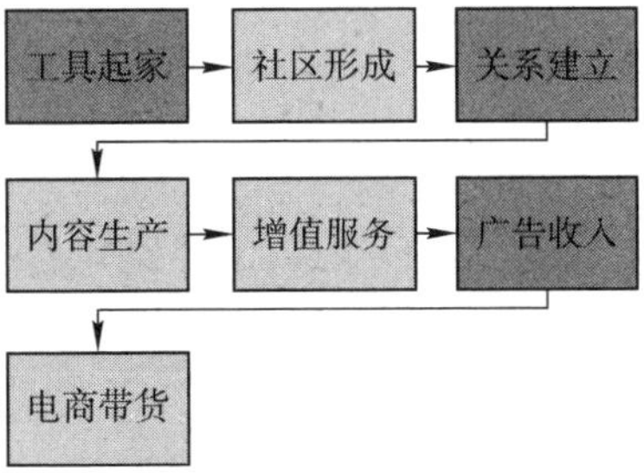


图3-9 美拍的产品进阶之路

- **工具起家**：起初，美拍只是一个单纯的短视频拍摄工具，创新性地推出了10秒MV特效，凭借这一特色功能，美拍一上线就获得了大量关注。

- **社区形成**：随着美拍的短视频拍摄与录制功能不断成熟，平台出现了一些短视频拍摄达人，沉淀了一大批优质的原创短视频，还有以这些达人、短视频为核心形成的粉丝用户与关系链。

- **关系建立**：为沉淀更多关系，美拍尝试对社区内的信息与内容进行分发。为了实现这一目标，美拍3.0版本强化了频道与标签属性，围绕主题和兴趣对产品进行分类。随着社区内容越来越多，这种分发方式可以帮用户在最短的时间内找到自己感兴趣的内容。随后，美拍推出了“同城”与“最新”两个分发维度，为更多新人提供了曝光的机会。同时，美拍优化了大数据智能推荐功能，帮更多短视频生产者找到自己的目标用户。

- **内容生产**：美拍4.0版本上线直播功能，一方面增加社区内容，提高用户在线观看时长；另一方面帮助平台达人做好粉丝维护，让其获取一定的收入。

- **增值服务**：2016年6月，美拍5.0版本上线，主要定位粉丝经济，通过上线各种道具满足粉丝与主播的打赏需求，让主播获得一定的收入。

- **广告收入**：美拍推出了更多广告展示位，形式非常丰富。因为美拍的用户群体主要是高端女性，构成比较纯粹，所以可以吸引很多一线品牌前来合作。

- **电商带货**：在美拍平台，达人可以利用“商家—美图—达人”的模式开虚拟买手店，达人可以在不同的品牌间跳转，向用户展示特色搭配，对产品进行自主定价。如果产品售出，达人可以获得相应的收入。同时，美拍也支持用户发布搭配需求，由达人负责解答，通过这种方式强化达人与用户之间的连接，进一步沉淀其关注关系。

### ◆商业化战略

以美图公司的“泛女性化”产品布局为依托，美拍搭建了一个完整的短视频生态闭环，该生态涵盖了包括内容生产、内容流通、内容消费、内容变现在内的整个产业链，如图3-10所示。

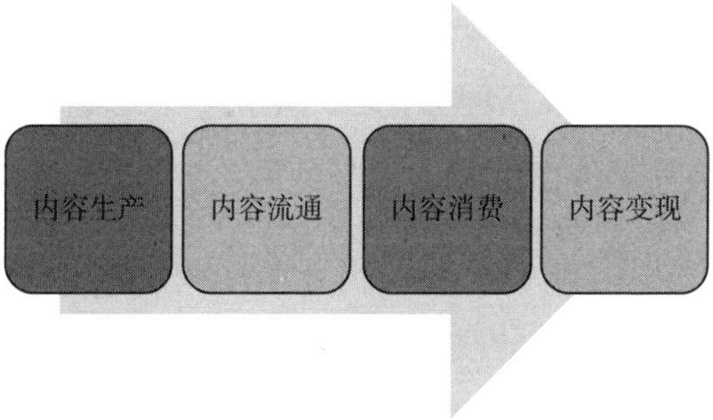


图3-10 美拍短视频生态链

- **内容生产**：美拍非常注重达人的培养与引进，积极与MCN机构合作，引导用户生产短视频内容。
- **内容流通**：美拍添加了很多个性化的内容分类，推出了很多主题活动，推动内容在社区内快速传播。
- **内容消费**：美拍拥有大量高质量的用户，可以加快内容消费速度。
- **内容变现**：美拍不断探索很多新型的商业模式，比如“美拍M计划”“边看边买”等。

## 梨视频：做最好看的资讯短视频

2016年11月3日上线的梨视频由原澎湃新闻CEO 邱兵创办，隶属于上海新梨视网络科技有限公司，是一款专注于年轻人生活的资讯短视频平台。因为起点高，所以梨视频自上线以来就获得了业界的高度关注。起初，梨视频的定位是“独家时政类视听新闻”，并借此在短视频领域脱颖而出，并打出了“60 秒看遍全世界”的旗号。

2017年2月，邱兵发布《劝君更尽一杯酒，醉了就看梨视频》一文，宣布梨视频从时政及突发新闻向年轻人生活、思想等方面转型，并确立了“用讲故事的方式传递中国声音”的核心思想。经过一番战略调整，梨视频新增了很多内容，包括综艺、两性、美食、旅行、艺术、VR 等，使视频服务更加多元化，平台也变得更加生活化。梨视频的官方网站如图3-11所示。

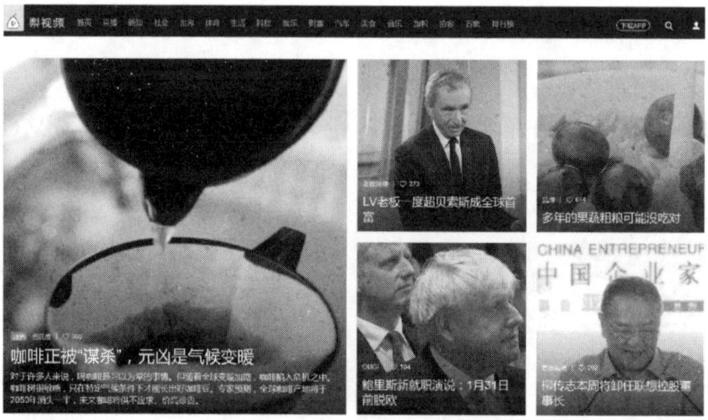


图3-11　梨视频的官方网站

### ◆独特的内容呈现

梨视频平台上的视频时长为30秒到5分钟，为了在如此短的时间内抓住用户眼球，获得更高的播放率，邱兵提出了“再剪辑、再突破、显精华”的视频制作理念。也就是在短视频的基础上进行二次加工，用最少的镜头讲述最完整的故事，让用户在最短的时间内获得最多的信息。为了方便人们在喧闹的环境中观看短视频，梨视频去掉了配音，将重点内容用大型字幕显示出来，这样一来，就算用户不戴耳机也能获取完整信息。

### ◆先进技术的引入

在梨视频270多人的团队中有60多名技术人员，足见梨视频对技术的重视。

为了获取先进技术，梨视频与美国视频制作平台Wochit达成合作协议，引入视频剪刀手技术，让用户通过输入关键字调动媒体库中的视频素材，极大地缩短了素材搜索时间，提高了信息挖掘效率与质量，让用户可以将更多时间投入线上编排，提高短视频的质量。

同时，梨视频还引入大数据挖掘，根据用户订阅及点播记录向其推送类似的短视频，根据用户喜好生成特色页面，方便用户获取所需内容。“最新视频”为用户了解身边的新鲜事、重要事件提供了便利，让用户可以第一时间观看现场，获取相关信息，这种伴随性的短视频内容满足了用户对新闻内容及时性的要求。

此外，梨视频还为用户提供了自动缓存10个免流量视频的服务。用户登录梨视频客户端，点击右下方的“我”，找到“免流量视频”，点击进入就能看到10个类型不一的短视频。这些短视频均可免流量播放，播放完毕，视频会自动清空。进入无线网络环境之后，又会自动缓存10个类型不同的免流量视频。这一功能为用户带来了极大的便利，深受用户喜爱。

### ◆成熟的拍客网络

梨视频之所以能在中国资讯类短视频中占据领先地位，与其成熟的拍客网络密不可分。

目前，梨视频有1万多名拍客，涉及各个领域，有专业人士，也有非专业人士，为梨视频提供来自世界各地的最新信息。以强大的拍客网络为依托，梨视频日均原创短视频播放量超过了5亿，累计全网播放量达千亿，并获得了大量转发与关注。

为了培养更多拍客，梨视频面向短视频爱好者推出了公益培训项目，不仅为参训者提供专业视频拍摄技巧与技能，还与成绩优秀者签约，将其发展为梨视频特约拍客。通过这种有意识地培养，梨视频平台的拍客数量不断增长，创建了一个完整的拍客网络，不仅可以获得更多实时的新闻资讯，还能切实保证短视频的质量，增强用户对平台的黏性，提高平台的商业价值，可谓是一举多得。

虽然目前梨视频的用户量还不是很高，客户端体验有待提升，但在内容制作、技术应用、战略定位方面，梨视频做了很多创新之举，尤其是拍客的出现，再次唤起了“公民记者”的热情。所以，随着平台上“UGC+PGC”的拍客作品越来越多，未来梨视频将掀起一场视频原创潮流，成为短视频领域最独特的存在。

# Part 2

# 视频创作：打造百万爆款短视频

第4章

# 前期策划：快速搭建短视频团队

## Step 1　器材的选择与购买

工欲善其事，必先利其器。在拍摄短视频之前，拍摄人必须先准备好器材。器材的选择取决于短视频的内容与类型，合适的拍摄器材可以让短视频拍摄更得心应手。目前，情景短剧类短视频开始流行，这类视频的拍摄对拍摄器材的要求比较高。那么，短视频拍摄器材应如何选择，如何购买呢？

### ◆手机

随着智能手机的拍摄功能越来越强大，智能手机已成为最常见的短视频拍摄设备，如图4-1所示。再加上短视频投放平台的功能不断完善，越来越多的平台支持直接拍摄短视频并投放，使短视频拍摄/投放门槛大幅下降，即便毫无经验的新手也能快速制作出一条短视频并上传到平台。

图4-1 手机拍摄短视频

虽然智能手机拍摄短视频非常方便，但也存在很多问题。首先，手机摄像头的清晰度有限，可以进行简单的人像拍摄。但如果拍摄场景比较复杂，拍摄效果就变得很难掌控。其次，手机拍摄出来的画面不太稳定，经常抖动，导致观看效果不佳。最后，手机拍摄的短视频很难进行后期处理，给视频制作者带来很多麻烦。

**◆家用DV摄像机**

在智能手机普及之前，家用DV摄像机是最常见的视频拍摄设备，如图4-2所示。家用DV摄像机在视频拍摄方面有很多优点：第一，家用DV摄像机有比较强大的变焦功能，适合大范围变焦，还能实现光学变焦；第二，家用DV摄像机自动化程度较高，操作方便；第三，家用DV摄像机的续航能力较好，适合进行长时间拍摄。

图4-2 家用DV摄像机

### ◆业务级摄像机

业务级摄像机是一种比较专业的摄像设备，如图4-3所示。经常用来拍摄新闻、综艺节目等。业务级摄像机的像素比较高，非常适合用来拍摄对画面要求较高的短视频。而且这种摄像机的储存量非常大，可以采集大量素材。如果要组建一支专业的短视频拍摄队伍，可以选择购买这种摄像机。

图4-3 业务级摄像机

但业务级摄像机也有很多缺点，比如体积大、价格高、不方便携带、在拍摄过程中对画面的处理比较死板、需要后期调整等。如果短视频拍摄团队刚刚组建，资金有限，就不太适合购买这种摄像机。

除情景短剧类短视频外，目前短视频平台还有一种非常流行的短视频类型，即动画短视频。这种短视频要求拍摄者具备较强的画面掌控能力，而且对绘画设备也有一定的要求。目前，动画短视频制作最常用的方式就是“板绘”。“板绘”对手绘板有一定的要求，手绘板的专业性越强，价格就越高，所以，短视频拍摄者要根据短视频拍摄需要及自己的经济能力选择合适的手绘板，不要过于追求手绘板的专业化程度。

短视频素材采集完成就进入了后期制作阶段，在这个阶段，后期制作设备非常重要。一般来讲，短视频后期制作都是通过电脑完成的，后期制作要求不同，对电脑性能的要求也不同。短视频后期制作越复杂，对电脑功能的要求就越高，尤其是动画短视频。因为动画制作软件对电脑性能的要求非常高，如果电脑不专业，后期制作会非常麻烦。

对于短视频制作来说，拍摄器材与设备的购买是一笔不小的投入。制作人应根据自己的需要，结合自己的经济能力选购合适的器材，以免给自己造成较大的负担，但也不能为了节省资金购买性能太差的设备，以免影响短视频最终呈现的效果，影响观众的观感。如果资金缺口太大，视频制作团队可以租赁，待资金充裕后再购买。

## Step 2　根据主题搭建摄影棚

在短视频拍摄前期，摄影棚的搭建也需要不少资金。对于专业的短视频拍摄团队来说，摄影棚必不可少，如图4-4所示。一般来说，摄影棚搭建至少需要一个30平方米左右的工作室，如果面积过小，会导致拍摄距离不够，影响拍摄效果。工作室可以租赁，但必须稳定，以免发生拍摄进行到一半却被要求搬走等情况。

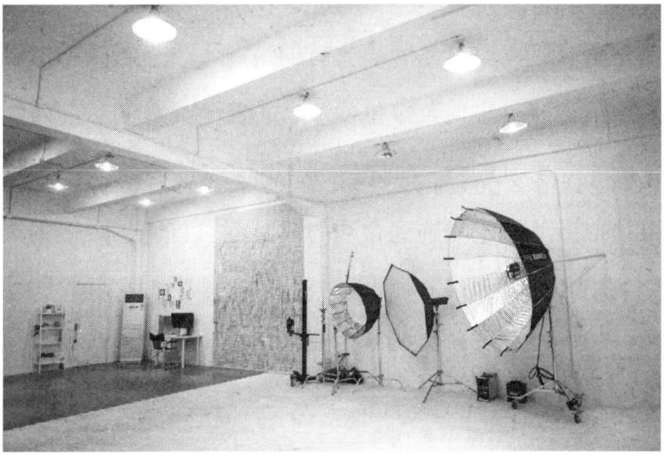

图4-4　摄影棚

摄影棚搭建完之后，拍摄团队要对其进行内部装修。摄影棚装修必须根据短视频的主题进行，道具安排紧凑，使整个空间得以最大限度地利用，以免造成空间浪费。短视频场景不会一成不变，所以场景设计必须灵活，以保证在短视频拍摄过程中各种场景可以自由切换。

除此之外，短视频制作团队要根据需要购买一些内部设备，比如各色背景布或背景墙、电动卷轴、闪光灯、蜂窝、柔光箱、滤片、雷达罩、反光伞、柔光伞和反光板等。其中，各色背景布或背景墙最好选择可重复利用的材料，闪光灯的价格虽然比较高，但也要看重其性能，以保证短视频拍摄效果。

## Step 3　挑选一个合适的演员

摄影棚搭建好之后，下一步就是寻找合适的演员。一般情况下，短视频拍摄选择的演员都是普通大众，有品牌商赞助拍摄的短视频可能会请一些专业演员。所以，在没有品牌商支持的情况下，短视频拍摄要根据主题选择合适的演员，演员与角色定位一致，不能太注重演员的外貌。因为对于一条高质量的短视频来说，演员是否合适比演员是否漂亮更重要。

那短视频拍摄怎样才能选到合适的演员呢？首先，短视频拍摄团队要全面理解短视频脚本中的人物形象，比如：主人公要在一个时间点弹吉他，那么挑选演员时最好选择一个会弹吉他的人；如果要求主人公幽默搞笑，就要选择敢于放开自己的演员。

一个合适的演员可以在很大程度上保证短视频呈现效果。如果资金有限，而短视频拍摄需要的演员又比较多，可以让工作人员客串一些不重要的角色。在短视频中，一个演员出现频率越高越容易被观众记住，达到快速吸粉的效果。

在短视频拍摄过程中，现场气氛非常重要。为保证拍摄效果，视频拍摄现场的气氛必须与拍摄主题相协调，帮助演员快速入戏，以提高拍摄效率，节省拍摄成本。对于观众来说，拍摄现场布置与演员挑选最能给他们留下深刻印象，所以短视频拍摄团队必须注意这两点，要根据短视频剧本精心安排，不能为了节省成本随意处置。如果拍摄出来的短视频效果太差，无法满足用户的心理预期，接下来的营销推广就会变得非常困难。

## Step 4 搭建短视频制作团队

短视频的快速发展催生了很多新的流量入口、内容沉淀平台、年轻用户聚集地、私域流量集中地。在此形势下，内容创业者入驻短视频平台为时未晚。需要注意的是，虽然短视频制作门槛低，但要想让自己的短视频在成千上万的短视频中脱颖而出，必须组建一支专业的短视频制作团队，做好从短视频策划、制作到运营的每一个环节。

短视频制作团队的创建要根据短视频总体策划进行。短视频制作团队不同，对成员的要求也不同，不能一概而论。短视频制作团队招募成员时要做到三点：

- 对成员的工作能力进行考察；
- 了解成员是否认可制作团队的短视频创作理念；
- 对资金消耗、成本支出进行考量。

在短视频制作团队中，各成员的具体工作要根据具体情况进行分配，每类工作都要有专人负责。如果团队成员掌握的技能比较多，可以身兼数职，以减少人员方面的支出。一般来说，一支完整的短视频运营团队需要5～8个人。如果是刚成立的团队，成员数量可以少一些，1～2个人即可。

在短视频运营团队搭建过程中，成员分工非常重要。一般情况下，PGC（专业生产内容）团队的配置会比较完整：所有成员分工明确，严格把控短视频制作的每个环节，生产的短视频质量在业内遥遥领先。

如果是新建团队，每周计划推出2～3个短视频，就要招募4～5名成员，分别负责脚本、拍摄、剪辑、推广等工作。如果短视频对后期剪辑的要求比较高，还可以增加一名剪辑人员，提高短视频制作效率，保证短视频可以按时更新。

除上述固定的成员外，短视频拍摄可能会用到司机、化妆师、场记等人员。除非团队成员具备相应技能可以兼任，否则就要招募一些兼职人员，以保证短视频拍摄工作可以顺利进行。在这个过程中，团队负责人要注意与优秀人才保持联系，以便将来拍摄其他作品时可以继续合作。

总而言之，一支专业高效的短视频制作团队应包含以下人员构成，如图4–5所示。

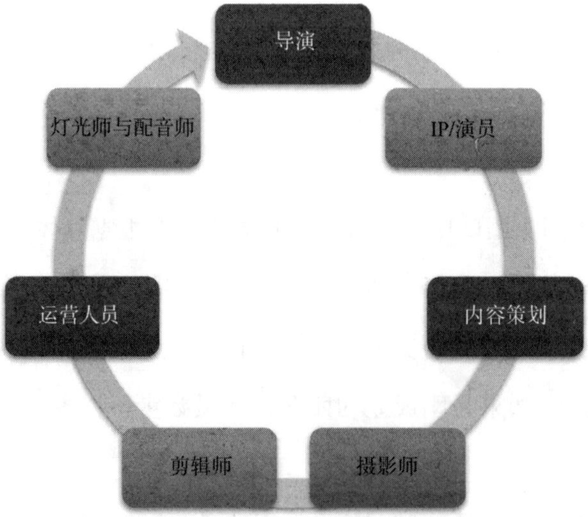


图4–5　短视频制作团队的人员构成

### ◆导演

在短视频制作团队中，导演非常重要，起着统领全局的作用，决定着短视频的制作方向与呈现风格。在拍摄短视频之前，导演必须先确定内容基调，严格把控短视频制作的每个环节，包括选题、策划、拍摄、剪辑、推送等。

### ◆IP/演员

演员是短视频制作团队中不可或缺的一员，尤其是在短视频运营愈发精细化的当下，一个高黏性的IP就是一个账号的灵魂，可以吸引粉丝、留住粉丝，为之后的推广运营奠定良好的流量基础。为保证短视频风格统一，导演要在拍摄前对演员个性、形象进行设定，通过语言、行动、外在形象等将这种设定体现出来。

### ◆内容策划

内容策划的主要职责是确定选题、寻找热点话题、撰写短视频拍摄脚本。在短视频制作团队中，内容策划人员不仅要具备较高的文学素养，还要十分了解观众需要。对于短视频来说，脚本非常重要。一个高质量的脚本可以丰富短视频的内涵，让观众在观看的过程中产生共鸣。

一个优秀的脚本策划人员不仅能写出优质的故事，还能对短视频拍摄需要用到的道具、布景及演员做出合理的设计，让团队其他成员了解整个作品的内核，以推动后面的流程顺利进行，保证作品的完成度、整体性，使短视频拍摄效率得以大幅提升。

### ◆摄影师

在脚本确定之后，短视频制作就进入正式拍摄阶段。拍摄短视频的摄影师最好受过专业训练，有过一段时间的从业经验，因为短视频拍摄不仅考验摄影师的画面构成能力、光影色彩把控能力，还要求摄影师具备一定的审美素养。一个好的摄影师可以很好地保证短视频最终呈现的效果，即便是最简单的画面也能拍出令人称奇的效果。

因为短视频的时长比较短，成本预算相对较低，所以在拍摄之前，摄影师必须熟悉剧本，在最短的时间内利用镜头突出主题，将短视频想要表达的内容精准地传达给观众。为了突出主体，短视频拍摄可以采用虚实对比等方法，这就对摄影师的摄影技巧提出了较高的要求。

### ◆剪辑师

在采集完短视频所需的所有素材之后，短视频制作就进入了剪辑阶段。短视频剪辑师不仅要掌握一定的剪辑技巧，还要对短视频拍摄的前期工作有所了解，比如对景别的了解，近景、远景的选用等。另外，在剪辑短视频的过程中，剪辑师要加强与摄影师的沟通，充分了解镜头语言，保证短视频将脚本内容精彩地表达出来。

剪辑其实是一个二次创作的过程，这就表示剪辑师不仅要理解摄影师的表达意图，还要了解观众的需要。一位优秀的剪辑师往往能抓住观众的痛点，运用各种剪辑技巧对视频素材进行处理，在最短的时间内抓住观众眼球，吸引观众注意。一个高质量的短视频作品必须能迅速切入主题，引出矛盾，其整体节奏全部由剪辑师把控。

### ◆运营人员

在短视频制作完成后，接下来的工作就是短视频的推广与运营。短视频推广人员必须具备良好的沟通能力与写作能力，前者可以保证与观众的沟通效果，后者可以保证短视频进入各大平台、渠道传播。

目前，由于短视频的类型、数量越来越多，一条短视频要想脱颖而出必须有吸引观众的文案。为此，短视频运营人员必须根据平台及用户属性，通过文案引导让用户对短视频内容充满期待，然后再进行渠道分发、用户反馈管理、粉丝维护及评论维护。

要想写出优秀文案，短视频运营人员不仅要具备良好的写作能力，还要对作品、目标受众有充分了解，正确理解短视频的立意与内涵，只有这样才能吸引到符合短视频定位的观众。不同短视频平台上的用户对短视频内容的偏好存在一定的区别，为了保证短视频在不同平台都能获得较好的传播效果，短视频运营人员需要根据不同平台上的用户特点撰写文案，以保证短视频传播效果。

### ◆灯光师与配音师

灯光师的主要职责是利用明暗对比巧妙构图，打造出与视频格调相符的“光影效果”；配音师的主要工作是为视频配音，因为声音也是决定视频质量的一个非常重要的因素，有磁性的、优美的声音非常容易吸引人们的注意力，精准地向受众传达情绪，延长受众的停留时间，让受众做出视频制作团队所期待的行为。

在上述7个角色中，如果资金有限，一人可以身兼多职，比如摄影师与剪辑师可以由同一个人担任，灯光师与配音师可以由同一个人担任，导演与内容策划可以由同一个人担任，甚至演员也可以根据需要做出取舍，但这一切都要以保证短视频质量为前提，不能为了节省开支影响短视频最终呈现效果。

## Step 5 短视频团队的素质要求

短视频制作团队的搭建要根据视频方向、人员分工来进行，不同的工作任务要求成员具备不同的技能，但作为短视频创作者，无论在团队中承担什么角色都要具备一些基本素质与能力，如图4–6所示。

**图4–6 短视频团队素质要求**

### ◆营销能力

短视频创作者要了解自己的用户，包括用户需求、用户痛点等，据此绘制一个相对精准、细致的用户画像，站在用户角度考虑问题，只有这样才能保证短视频的传播与营销效果。

◆**策划能力**

无论是传统媒体还是移动媒体、短视频，内容始终是核心。只有保证内容质量才能吸引到一定规模的粉丝，完成后期的转化变现。优质的内容需要策划，这就要求短视频创作者必须具备一定的内容策划能力。

◆**运营能力**

短视频创作者要具备一定的运营能力，可以根据各个平台的算法机制制定一套符合平台规则的推送机制，对自己的短视频进行推广，形成短视频矩阵，增强用户对短视频的认知，扩大传播，吸引更多粉丝。

◆**审美能力**

短视频要具备一定的美感才能实现大范围传播，而短视频的美感无处不在，如拍摄角度、文案策划、内容剪辑等，这就要求短视频创作者具备一定的审美能力，不断提升自己的审美素养，将其应用于短视频制作。

◆**分析能力**

要想让短视频实现大范围传播，获得较高的曝光，短视频创作者必须从用户反馈、数据等方面对广泛传播的优秀短视频进行分析，从中汲取经验，将其用于自己的短视频创作。比如，快手短视频平台有一些数据：点赞量、完播量、评论量、转发量。一般情况下，完播量超过1000就说明短视频内容较好，点赞量高说明短视频可以很好地调动用户情绪，评论量高说明短视频能够激发用户评论的欲望，转发量高说明短视频内容简单实用。

### ◆学习能力

在短视频领域，信息更迭速度非常快，要求每一位短视频创作者具备较强的学习能力，不断探索、学习新知识、新技能，比如短视频剪辑技巧、拍摄技巧、最热门的音乐与滤镜等。短视频创作者要实时关注这些内容，将其用于短视频创作，从而取得新突破。

## Step 6　制定精细化的操作流程

为保证短视频拍摄团队的稳定性，必须注意团队成员的配比，合理的配比不仅能保证后期工作顺利开展，还能让团队扩张有章可循。团队必须推选一名管理人员，尤其是刚组建起来的短视频拍摄团队，以便对各个成员的工作进行协调，保证短视频拍摄、制作的各项工作有序进行。

### ◆自主策划和拍摄

如果短视频团队自主策划短视频内容，就需要定时召开策划会，要求所有的编导、剪辑、运营人员参加会议，并将会议时间固定在每周一。参与策划会的人员每人要准备1～3个选题，并在会上阐述自己确定选题的理由及对选题的看法，包括用户喜爱度、接受度预测，视频拍摄与剪辑成本等。最后通过讨论确定选题，为接下来的短视频制作做好准备。

确定选题之后，运营人员要围绕选题撰写脚本，设计镜头场景，交由编导与摄影师审核，根据编导和摄影师的反馈对脚本进行修改，达到一个最好的效果。脚本确定之后进行实景拍摄。拍摄结束，剪辑人员对素材进行剪辑，编导要安排好视频发布时间。在这个过程中，审稿、最终发布定案讨论会两大环节不能忽略。

### ◆网络素材收集

对于许多初创短视频团队来说，因为人力、物力、财力有限，自主策划与生产短视频相对困难，可以选择利用现有平台搜集素材，比如微博、百度贴吧、各大视频直播网站、各大视频网站等。

短视频运营人员可以从这些平台搜索一些有趣、有内容、与自身需求相符的视频作为素材。为了搜索到更多有价值的短视频，运营人员要学会使用关键词进行检索，或者通过对视频内容解读进行搜索。当然，除此之外，视频搜索可用的方法还有很多。

### ◆制定明确的工作流程

团队负责人要做好分工，将每个人的工作职责以书面形式确定下来，如表4-1所示。

表4-1 短视频团队的职责分工

| 人员 | 职责 | 结果 | 负责人 | 汇报人 |
|---|---|---|---|---|
| 策划人员 | 搭建素材库 | 账号确定每周5个选题 | A | D |
| | 根据运营人员的反馈不断改进选题和内容 | 每周针对问题，列出改进方案 | | |
| | 向拍摄剪辑人员提出明确的内容大纲 | 每周把选题的内容，提供给拍摄剪辑人员 | | |

续表

| 人员 | 职责 | 结果 | 负责人 | 汇报人 |
|---|---|---|---|---|
| 剪辑拍摄人员 | 按照策划人员内容要求，写出短视频脚本 | 完成每周 5 个短视频脚本 | B | D |
| | 根据脚本完成短视频拍摄剪辑 | 每周出 5 个短视频 | | |
| | 根据运营人员的反馈不断改进视频制作 | 每周根据问题列出改进方案 | | |
| 运营人员 | 负责短视频平台分发 | 确定分发的几个短视频平台 | C | |
| | 负责视频的数据分析、内容运营和用户运营 | 完成每周 5 个短视频要达到的目标，比如吸粉多少、带货多少、变现多少 | | |
| | 负责根据运营数据向策划人员和拍摄剪辑人员提出改进意见 | 根据问题，提出改进方案 | | |

确定各成员的工作职责之后再确定每个人每天或者每周的工作计划，对每一项工作内容进行细分，落实到每周、每日，以简化执行过程，如表4-2所示。

**表4-2　短视频团队每周工作计划**

| 2020 年第 10 周短视频工作计划 | | | | | | | | | |
|---|---|---|---|---|---|---|---|---|---|
| 人员 | 目标 | 工作内容 | 周一 | 周二 | 周三 | 周四 | 周五 | 完成情况 | 备注 |
| 策划 | | | | | | | | | |
| | | | | | | | | | |
| | | | | | | | | | |
| 剪辑拍摄 | | | | | | | | | |
| | | | | | | | | | |
| | | | | | | | | | |
| 运营 | | | | | | | | | |
| | | | | | | | | | |
| | | | | | | | | | |

制定工作流程的目的是保证短视频拍摄、制作效率。在拍摄、制作的过程中，团队成员之间要做好沟通与交流，使视频内容逐渐完善，保证自己的短视频可以在众多短视频中脱颖而出，吸引受众注意，获得受众喜爱。

第 5 章

# 中期拍摄：短视频摄影实用教程

## 脚本：优质短视频的灵魂

脚本对于短视频创作来说非常重要，可以保证短视频拍摄始终围绕预先设定的主题进行，提高短视频拍摄效率与团队成员之间的沟通效率。因为如果拍摄过程不确定，后期剪辑就要花费大量时间。但提前撰写好脚本，就可以很好地防止这一问题的发生。

电影拍摄与广告制作都有脚本，电影与脚本始终相伴相生。影视作品的脚本是为了获得最佳画面，提高拍摄效率，其可以分为三种类型，分别是拍摄提纲、分镜头脚本和文学脚本。

## ◆短视频脚本的三种类型

其实，短视频脚本与电影脚本一样，也可以分为这三种类型，如图5-1所示。

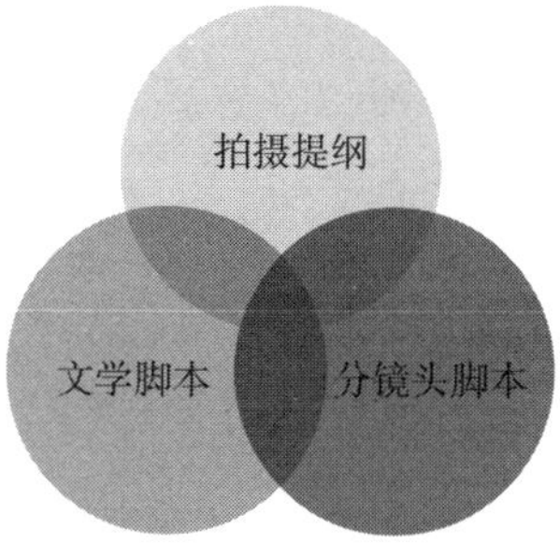


图5-1 短视频脚本的三种类型

（1）拍摄提纲

拍摄提纲是为拍摄短视频制定的拍摄要点，可以对拍摄内容起到提示作用，适用于一些不好把控、不好预测的内容的拍摄。需要注意的是，拍摄提纲的主要功能就是提示，不会对摄影师做出过多限制，保证摄影师在拍摄过程中可以自由发挥。至于后期制作，拍摄提纲所能产生的指导作用更小。一般情况下，抖音、快手等短视频的拍摄不需要撰写拍摄提纲。

（2）分镜头脚本

如果一些短视频的故事性非常强，就要用到分镜头脚本，这是短视频拍摄最常用的脚本类型。

分镜头脚本可以将文字转换成直接观看的画面，涵盖的内容非常丰富，比如画面内容、景别、拍摄技巧、时间、机位、音效等。从某种程度上来说，分镜头脚本就是可视化影像，可以在短视频拍摄过程中最大限度地保留创作者的初衷。对于故事类短视频来说，分镜头脚本的撰写必不可少。

分镜头脚本对画面要求极高。因为短视频的时长非常短，只有几秒、十几秒，最长不超过5分钟，要想在这么短的时间内呈现一个情节性、故事性都很强的内容不太容易。所以，在撰写分镜头脚本时要严格把控时间，精心打磨每一个细节，保证每个镜头都使用得恰如其分，从而保证内容的完整性，展现品牌或产品特性。

（3）文学脚本

文学脚本不需要剧情引导，对镜头拍摄的要求较高。与拍摄提纲、分镜头脚本的不同之处在于，文学脚本基本上将所有可控因素的拍摄思路都列了出来，对各个拍摄场景、拍摄时间都做了妥善安排。

### ◆短视频脚本的写作技巧

短视频脚本的写作大致可以遵循以下三个步骤，如图5-2所示。

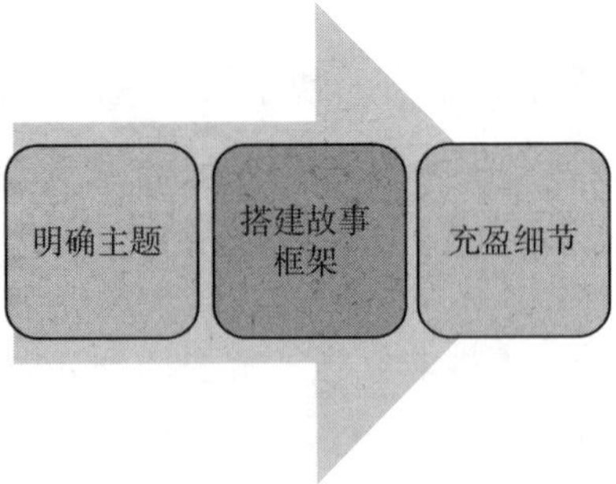


图5-2　短视频脚本的写作技巧

（1）明确主题

每个短视频都有想要表达的主题，比如为梦想奋斗的艰辛、长途恋爱的艰难、与朋友欢聚的喜悦、遇到美好风景的感动等。在撰写短视频脚本之前，必须先确定主题，围绕这个主题开展接下来的所有工作。

（2）搭建故事框架

明确短视频主题之后，短视频创作者接下来的任务就是搭建故事框架，编写一个契合主题的故事，通过这个故事来表达主题。在这个过程中，短视频创作者要设定好角色、场景与事件。例如，如果短视频的主题是表现长途恋爱的艰难，角色设定可以是一对异地的情侣——女孩难过时独自哭泣，男孩只能在异地着急，无法赶到女孩身边给她一个温暖的拥抱。创作者可以设置很多这样的情节与冲突来凸显主题，呈现一个动人的故事。

（3）充盈细节

细节决定成败，这句话放在短视频领域也非常适用。两个质量参差不齐的短视频可能是按照相同的故事大纲拍摄出来的，区别就在于细节是否充实、精致。充盈的细节可以让角色更加立体，可以更好地调动观众的情绪，加深观众对短视频的理解，获得观众的共鸣。在确定好拍摄细节之后，创作者需要考虑使用何种镜头呈现，然后再编写具体的短视频脚本。那么，一个完整的短视频脚本究竟要包含哪些内容呢？如表5-1所示。

**表5-1 短视频脚本细节**

| 脚本细节 | 具体内容 |
| --- | --- |
| 信息 | 有用的资讯，有价值的知识，有用的技巧 |
| 观点 | 观点评论，人生哲理，科学真知，生活感悟 |
| 共鸣 | 价值共鸣，观念共鸣，经历共鸣，审美共鸣，身份共鸣 |

续表

| 脚本细节 | 具体内容 |
| --- | --- |
| 冲突 | 角色身份冲突，常识认知冲突，剧情反转冲突，价值观念冲突 |
| 利益 | 个人利益，群体利益，地域利益，国家利益 |
| 欲望 | 收藏欲，分享欲，饮食欲，爱情欲 |
| 好奇 | 为什么，是什么，怎么做，在哪里，好神奇 |
| 幻想 | 爱情幻想，生活憧憬，别人家的，移情效应 |
| 感官 | 听觉刺激，视觉刺激 |

## 布置：镜头、机位与布光

在众多短视频类型中，人物采访类短视频是最常见的一种，包括单纯的人物采访短视频、街访类短视频、人物出镜讲解知识的知识类短视频等。这些短视频的主体都是人，而拍摄人物有一些特定的角度与方法。下面，我们对人物采访类短视频的最佳拍摄镜头、画面布置、机位设置、布光、摄像机参数设置等进行具体介绍。

### ◆拍摄镜头及画面布置

在拍摄时，摄影师最好将人物放在画面的3/2处，因为这个位置是人的视觉中心点，可以将人物很好地凸显出来，也给后期包装留出了足够的空间，不会导致画面失衡。如图5-3所示。如果将人物放在画面的中心位置或者角落，会使画面显得过于死板或者完全偏离。

面对不同类型的人物访谈，短视频制作团队要根据主题布置访谈环境。首先，人物背景要干净；其次，场景布置要符合内容调性。比如，亲情主题可以布置得温馨一些，搞笑类主题可以布置得活泼一些。

图5-3 人物拍摄位置

在拍摄人物时，如果对象是女生，摄像师可以将摄像机架高一些，轻微地俯拍可以将人拍得又高又瘦。如果对象是CEO、教授、专家、学者等成功人士，可以侧面仰拍，以显示对拍摄对象的尊敬。

### ◆机位布置

在采访拍摄人物时，一般需要架设1～2台相机。如果资源充足，可以架设3台相机，获取更多意想不到的素材。一般情况下，人物采访拍摄应使用正机位或者侧机位，另设一台移动机位，记录一些特写镜头来突出人物。

如果拍摄只架设一个镜头，会给后期剪辑造成很多困难，因为没有多余的镜头或角度可以切换。有了第二台摄像机之后，就有很多额外的素材可以使用，让剪辑变得更加简单，让视觉效果更丰富。如果有第三台摄像机，就能获得很多创意镜头，让短视频最终呈现的效果更有趣。比如，架设了第三台摄像机之后，可以拍摄一些除人物之外的其他内容，通过这些场景、主题让故事更深入、更丰满，让人物更立体。

摄像师在架设机位时，可以直接在三脚架上架设两个固定镜头，然后亲自操控第三个机位。在拍摄过程中，摄像师可以灵活移动第三个机位，使用一些焦点技巧，慢慢突出焦点或者慢慢虚焦来转换场景等。这样一来，后期剪辑时就能插入更多不同机位的焦段素材，使短视频视图更加丰富。

### ◆布光以及摄像机参数设置

最好的布光就是让观众无法看出布光痕迹，这就要求布光的光线越自然越好。在拍摄人物时，布光必须均匀，防止人物面部或其他部位出现阴影。人物拍摄最常使用的布光法就是三点布光法：摄像师要根据拍摄当天室内、室外的光线环境以及布光效果来设置摄像机参数，拍摄画面不能过亮或者过暗。如果布光达不到理想效果，可以让画面稍微暗一点，后期再进行调整。如果画面过亮，后期很难修正。

如果是室内拍摄，可以采用“高感光度+大光圈”。在噪点可接受范围内，相机的ISO应尽可能高。如果是室内拍摄，ISO最高不要超过400，镜头使用最大光圈，获得最快的快门速度。这些设置会相互作用，对曝光产生一定的影响。所以，在拍摄过程中，摄像师要根据拍摄环境不断调整，获得最佳的拍摄效果。

合理利用和规避光线，会让人物拍摄呈现不同的效果。一般来讲，日出前2小时与日落前2小时的光线是最好的，非常适合用来拍摄人物。如果拍摄过程中遇到顶光照射或明暗反差强烈的情况，就要寻找合适的遮挡物，或利用反光板等辅助设备来调整光比。

## 构图：拍出惊艳的画面感

在短视频拍摄前期，构图是非常重要的一项内容，承担着突出主体、简化杂乱、吸引视线、均衡画面的作用。好的构图可以将画面中心凸显出来，让画面更有内涵、更有故事，将创作者对整个事物、事件的认知与情感表现出来。

构图就是对不同的图片元素进行有机组合，将要拍摄的事物分为主体与客体或前景与背景，将发挥协调作用的物品用三角轴或斜线的方式进行排列，将光与影和谐地组合在一起。构图效果好，即便是稀松平常的事物也能瞬间吸引人的目光，突出主体；相反，如果构图效果欠佳，即便是有魅力的演员或新奇的事物也会变得稀松平常，无法引起人们的注意。

无论是拍摄人物还是风景，构图都是体现画面美感的重要方式，对画面最终呈现效果有着直接影响。正是因为这个原因，面对同一个场景、同一个人，有些人拍摄出来好看，有些人拍摄出来就不好看。在短视频拍摄过程中，常见的构图方法有九种，具体分析如下。

### ◆中心构图法

中心构图就是将拍摄主体放在画面的中心位置，突出主体，让画面实现左右平衡。这种构图方法非常适合用来拍摄严谨、庄严的画面，如图5-4所示。

图5-4　中心构图

虽然中心构图法的操作非常简单，但需要注意两点：

第一，使用中心构图法拍摄的对象必须相对饱满，在画面中所占比例要稍微大一些。如果是单独的条状物，比如多肉植物的花剑等，就不适合使用中心构图。当然，中心构图法拍摄对象也不是越大越好，要根据实际情况决定。

第二，背景不能过于杂乱，杂乱的背景反而不容易突出主体。如果无法选择一个简单、干净的背景，可以将背景虚化。

### ◆水平线构图法

水平线构图法的画面以水平线条为主，通常用来拍摄湖面、水面、草原等，会让人产生宽阔、稳定、和谐的感觉，如图5-5所示。

水平线构图有三种方式：第一种是高水平线构图，这种构图方法可以将水平线以下的景物表现得更加丰富，而且可以产生视觉引导作用；第二种是中水平线构图，这种构图方法一般存在一个中心对称轴，让整个画面显得上下对称、均匀协调；第三种是低水平线构图，这种构图方法可以将水平线以上的景物表现得非常丰富。

图5–5 水平线构图

### ◆垂直线构图法

垂直线构图指的是拍摄画面以垂直线条为主，拍摄对象要符合垂直线特征，比如高楼大厦、树木等。垂直线构图可以让人产生安静、稳定的感觉。在日常生活中，很多事物、景色都具有垂直线特征。拍摄时，如果拍摄对象比较均匀，就可以非常容易地营造出空间的平衡感，如图5–6所示。

图5–6 垂直线构图

◆三分构图法

三分构图法也叫井字构图法，是摄影过程中一种常用的构图方法。使用三分构图法拍摄短视频时，需要用两条竖线、两条横线对场景进行切割，得到4个交叉点，将拍摄主体放在其中一个交叉点即可，如图5–7所示。

图5–7　三分构图

◆对称构图法

对称构图指的是在拍摄短视频的过程中，使用对称轴或对称中心对画面进行切割，使其形成轴对称或者中心对称。这种方法非常适合拍摄建筑物或隧道，如果前期没有形成完全对称，可以后期进行修正。

对称构图法会给人一种完全静止的感觉。很多人都认为对称构图会让画面显得非常死板，但其实对称构图可以均衡，也可以灵活。在短视频拍摄过程中，对称构图可以使用的方法有很多，比如人与人对称、人与物对称、大与小对称、动与静对称、明与暗对称、虚与实对称等，如图5–8所示。

图5-8 对称构图

### ◆对角线构图法

对角线构图指的是让拍摄主体沿着画面的对角线排列，表现出拍摄主体的动感、不稳定性与生命力。与横平竖直的构图方式不同，对角线构图可以使画面更舒展、更饱满，带给人更强烈的视觉冲击，如图5-9所示。

图5-9 对角线构图

### ◆引导线构图法

引导线构图法指的是在拍摄短视频的过程中，利用线条对观看者的目光进行引导，使其汇聚到画面的某个焦点上。在现实生活中，所有有方向、连续的事物都可以做引导线，比如道路、河流、阴影、人的目光等，如图5-10所示。

图5-10　引导线构图

### ◆框架构图法

框架构图法指的是用框架将拍摄主体框起来的构图方法，这种构图法可以引导观看者关注框架内的人或事物，让观看者产生身临其境之感。因为框架与框架内的景色亮度不一，有比较强烈的明暗反差，所以摄像师在使用这种构图法时要注意框内景物过度曝光与框架曝光不足等问题，如图5-11所示。

图5-11 框架构图

### ◆重复构图法

重复构图法指的是当拍摄对象是一群同样的事物时，将这一群事物同时拍摄下来的构图方法。在拍摄过程中，单纯地拍摄同一类事物，且没有其他事物出现，同样可以突出拍摄主体，如图5-12所示。

图5-12 重复构图

在实际拍摄过程中，摄像师往往会同时使用几种不同的构图方法。要想拍摄出优质的视频画面，摄像师必须将这几种构图方法熟记于心，不断观察、经常实践，持续提升自己的构图能力。

## 景别：强化视觉冲击效果

景别指的是镜头画面的类别，是一种非常重要的视觉形式。因为镜头与拍摄对象往往存在一定的距离，距离不同，拍摄对象在画面中呈现的大小也不同。据此，景别可以分为远景、全景、中景、近景与特写五种类型，如图5–13所示。

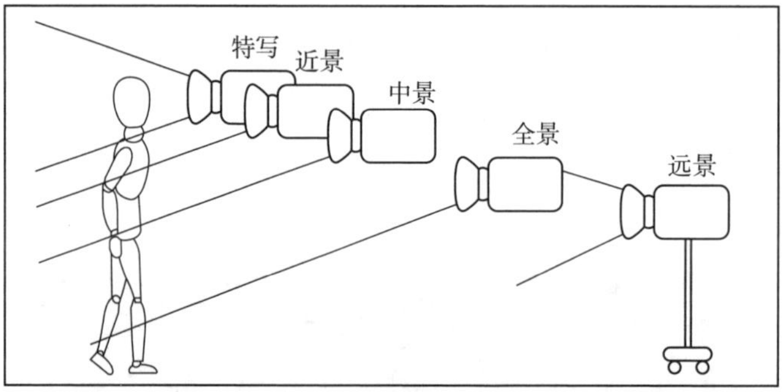


**图5–13　景别的五种类型**

### ◆远景

远景包括拍摄对象及拍摄对象所处环境。拍摄时，摄像机距离拍摄对象较远，可以呈现拍摄对象及其所在空间的全貌，适合用来拍摄自然景色与群众活动等大场面，如图5–14所示。

图5-14 远景

### ◆全景

全景包括拍摄对象及周边背景，可以用来呈现人物的全身动作或者场景的全貌，表现人与人、人与环境之间的关系，如图5-15所示。在拍摄全景时，一定要控制好摄像头与拍摄对象之间的距离，保持平稳。

图5-15 全景

### ◆中景

如果拍摄对象是人，中景要拍摄人体膝盖以上部位；如果拍摄对象是风景或物体，中景就是要拍摄局部，如图5–16所示。

图5–16　中景

### ◆近景

近景指的是人体胸部以上部位，可以近距离观察人物，表现人物的面部表情，彰显人物的内心世界。在刻画人物、表现人物方面，近景有着非常明显的优势，如图5–17所示。

图5–17　近景

### ◆特写

特写指的是人体肩部以上部位，特写镜头可以将人物的面部表情细致地展现出来，表现人物复杂的情绪，还可以提示信息，制造悬念，带给观看者独特的视觉感受。特写镜头的主要作用是表现人物的心理活动，拍摄时不用过多地考虑背景，甚至可以没有背景，如图5-18所示。

图5-18 特写镜头

摄像师在拍摄短视频的过程中对画面环境、空间、构图进行综合考量，可以对短视频节奏进行有效控制。

## 运镜：推、拉、摇、移

要想让短视频更专业、更富有吸引力，短视频创作者必须掌握一定的运镜技巧。短视频拍摄可用的运镜技巧非常多，其中推、拉、摇、移是最常用的四种，如图5-19所示。下面我们对这四种技巧进行具体分析。

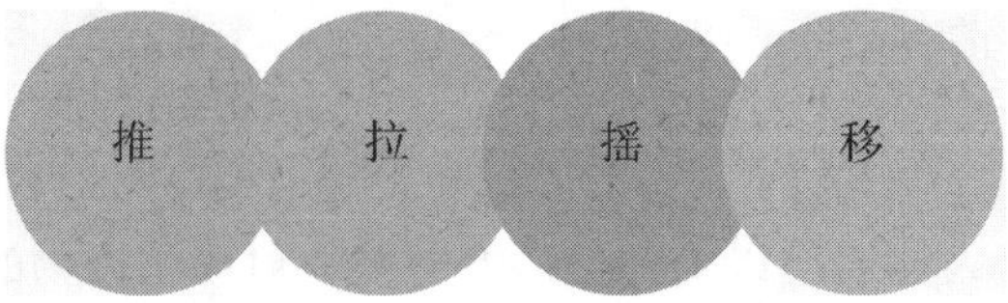


图5-19　运锐技巧

◆ “推镜头”拍摄法

推镜头拍摄指的是拍摄对象的位置固定不变，镜头由远处慢慢向拍摄对象推进，逐渐形成近景或特写。拍摄对象位置不变指的是在拍摄过程中，拍摄对象在固定的水平面上不动，摄像机从远景到中景到近景再到特写。在推动过程中，摄像机的景别切换不是固定不变的，要根据具体的镜头拍摄脚本进行调整。比如，如果短视频制作者要用推镜头刻画人物，突出人物主体，就要推到特写镜头。

推镜头的拍摄要点在于人物固定不变，镜头向前运动。镜头向前移动意味着机位也要向前移动，那么机位如何向前移动呢？如果是电影拍摄，往往会铺设运动轨道，将摄像机架设在运动轨道上，由多人辅助向前移动。但短视频制作成本低，不可能为了一个镜头铺设运动轨道。为了解决这个问题，摄像师可以将摄像机架设在移动三脚架上或者摄像师站在货运平板车上向前移动，只要控制好运动方向，做好防抖工作，就能拍摄出不错的推镜头。

◆ “拉镜头”拍摄法

拉镜头指的是拍摄对象的位置固定不变，摄像机慢慢向后移动，逐渐远离拍摄对象。在拍摄短视频时，拉镜头拍摄可以借助三脚架、滑轨来实现。

短视频创作者在拍摄这类镜头时可以将摄像机架设在移动三脚架上，提前设置好取景构图的高度。画面开始，应该是一个特写镜头或近景镜头，然后摄像机匀速向后移动，逐渐远离拍摄对象，画面景别不断扩大，展现出拍摄对象与所处画面的关系，最后以大景别结束整个拍摄。

这种运镜方式可以增强观看者对局部所处环境的好奇心，常用于拍摄搞笑类短视频。随着景别不断拉大，短视频呈现的喜剧效果也会不断放大，带给观看者更强烈的冲击。同时，这种运镜方式也可以凸显拍摄对象的情绪。在短视频拍摄的过程中，创作者经常用拉镜头作为结尾。比如拍摄一家三口海边游玩的场景，镜头慢慢拉开，可以让这种其乐融融的气氛变得更有感染力。

### ◆“摇镜头”拍摄法

摇镜头指的是摄像机机位不变，借助三脚架让摄像机在原地做上下升降运动或360° 旋转。常见的摇镜头往往是移动旋转延时摄影镜头或者介绍大场面的镜头。

摇镜头的拍摄方法非常简单，只需要将摄像机架设在三脚架的旋转云台上即可。拍摄时，摄像师要根据创作者想表现的内容选择合适的镜头，比如创作者想表现一个人向前行走的过程，摄像师就可以使用长焦拍摄；创作者想表现一个开阔的场景，摄像师就要使用广角镜头拍摄。

在短视频拍摄的过程中，这类镜头多用来表达人物看到的场景，相当于人物的眼睛。比如短视频要表现一个人被眼前的景色吸引，那么前一个镜头是这个人的眼睛，下一个镜头就要使用摇镜头表现周边的景色，代表这个人所看到的景色，同时也表现这个人在看到景色时的情绪与心情。另外，摇镜头还可以用来模拟望远镜的视角，用来拍摄某些暗访调查类短视频。

### ◆ “移镜头”拍摄法

移镜头指的是拍摄对象与摄像机一起移动，这种拍摄方法使用范围最广，比如拍摄一条旅游类短视频，讲解者会一边走动一边讲解，摄像机也要跟着讲解者不断移动。

因为摄像机会跟着拍摄对象一起移动，为了保证拍摄画面的稳定性，需要将摄像机架设在移动三脚架上。拍摄时，摄像机的运动速度要与拍摄对象的运动速度保持同步，拍摄对象停止运动，摄像机也要停止运动，这样拍摄出来的画面更有动感，感染力也更强。

运镜方法对短视频最终呈现的效果有着非常直接的影响。同样的作品用不同的运镜方法拍摄会呈现不同的效果。为此，短视频创作者与摄像师必须了解每种镜头的表现意义，根据想要表达的内容与主题选择合适的运镜方式，拍摄出精彩的短视频。

## 转场：巧妙转换镜头场景

对爆款短视频进行分析可以发现，很多爆款短视频都条理清晰、叙事流畅，令观看者身心愉悦。与之相比，一些播放量不高的短视频作品都非常生硬，无法激发观众的观看欲望。导致这种情况出现的因素有很多，但转场不当无疑是最重要的一种。

镜头是画面语言的基本元素，也是影像的基本单位。段落是由一个个镜头连接起来形成的镜头序列，它能表现一种相对关系、一种含义、一个动作过程等。而段落与段落之间的过渡或转换便称为转场。短视频的转场相当于文章中的标点，掌握转场技巧，可以使整个短视频更加流畅。转场包括技巧转场与无技巧转场两种方式，下面进行具体分析。

### ◆技巧转场

常见的短视频转场技巧包括以下几种，如图5-20所示。

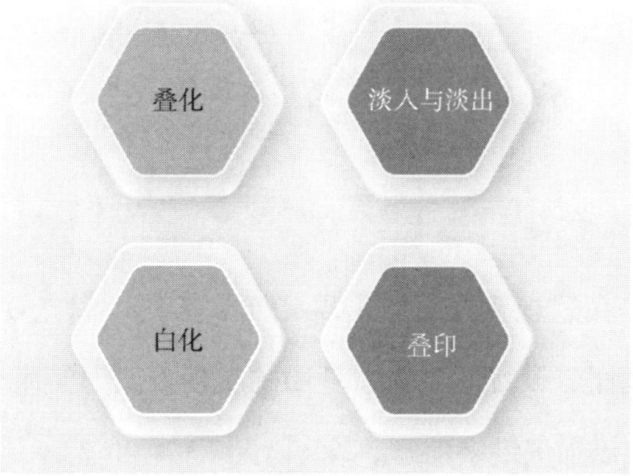


**图5-20 转场技巧**

（1）叠化

在短视频转场中，叠化应用非常普遍，它指的是从上一个镜头逐渐淡入下一个镜头。叠化主要用于体现时间流逝或空间转换，以及消除两个不匹配或跳闪的镜头组接时的突兀感。慢速叠化可以让观众感受到时间飞逝，快速叠化则可以让观众快速进入下一个场景。以PR软件为例（下同），叠化在软件中的实现方式为打开效果面板，找到视频过渡中的“溶解/交叉溶解效果”，然后将其拖至两个待组接镜头的连接处，叠化时长通过待组接镜头中间的效果块控制。

（2）淡入与淡出

淡入与淡出是在叠化基础上创造的转场技巧，淡入是从黑场慢慢叠化出画面，主要用于提示观众剧情变化；淡出则是从画面慢慢叠化淡出到黑场，主要用于给观众留下回味上一个镜头的时间。淡入与淡出在软件中的实现方式为将待处理素材拖至时间线上，然后点击选择工具，将指针放在要添加淡入与淡出效果的位置，点击Ctrl键，此时指针上会出现一个“+”，然后在代表透明度的黄线上单击，便可产生一个关键帧。此时，按住Ctrl键不放，调整透明度大小，便可实现淡入与淡出效果。

（3）白化

白化通常是在短视频画面中出现亮光、雾气、闪光灯等元素后使用，可以用来表现闪回、回忆等。在软件中的实现方式为使用光效素材叠加或为画面曝光参数添加关键字动画。

（4）叠印

叠印是指两个或两个以上的镜头叠加在一起，可以增加每个镜头的表现力，表达某种情绪，在呈现人物内心状态的场景中尤为适用。在软件中的实现方式为叠印的素材在两个以内时，使用效果面板中的视频过渡选项中的叠化溶解来实现；若叠印的素材超过两个，可以通过改变素材的叠加方式实现叠印。

### ◆无技巧转场

常见的无技巧转场包括以下几种，如图5-21所示。

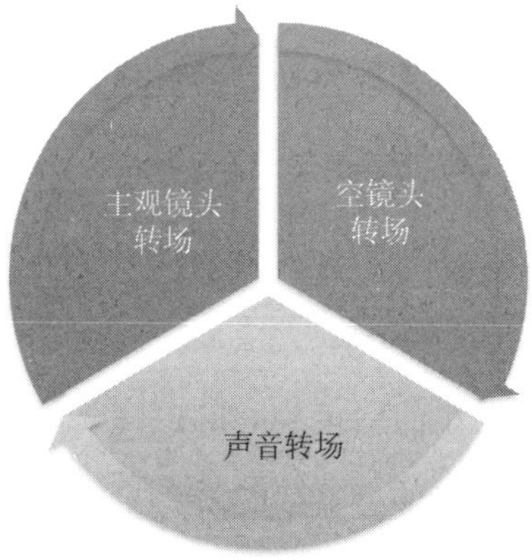


图5-21 无技巧转场

（1）空镜头转场

空镜头分为写景空镜头和写物空镜头两种，其中，写景空镜头又称风景镜头，主要通过远景或全景呈现；写物空镜头又称细节描写，主要通过近景或特写呈现。在短视频中，空镜头具有描述环境、表示时间、渲染情绪以及拟人/比喻/对比等功能。因此，在交代环境、背景、时空以及表现人物情绪、表达主题思想时，短视频尤其适合使用空镜头转场。

（2）声音转场

声音转场在短视频转场中非常常见。运用声音转场时，需要将音乐、音响、对白、解说词等与画面相结合。在短视频中，声音转场主要适用于以下两种场景。

● 画面转换，即通过声音的延续、提前进入以及前后画面声音相似部分的叠化等，使短视频流畅地进入下一画面。

● 时空大幅度转换，比如街头采访类节目中可能需要多个采访者回到同一个问题，而不同采访者回答问题的时间点、空间位置等有所差异，为了体现这种差异，增强内容的真实性，短视频创作者可以借助回答中的呼应关系，实现不同时空的连接。

（3）主观镜头转场

主观镜头转场是指利用前后镜头间的逻辑关系进行场面转换。这种转场方式流畅、自然，能够激发观众的好奇心，比如上一个镜头是角色观看的某个物体，下一个镜头就可以转换成该物体的表面细节等。

第 6 章

# 后期制作：爆款短视频进阶攻略

## 标题：5大设置，拟定吸睛标题

标题是短视频的重要组成部分，一个短视频作品能否精准地推送给目标用户，目标用户是否会点击、分享、评论，都与标题存在较大关系。那么，好的短视频标题有什么特征？怎么才能取一个好标题呢？在对大量短视频作品进行分析的基础上，笔者总结出以下5种短视频标题的拟定技巧，如图6–1所示。

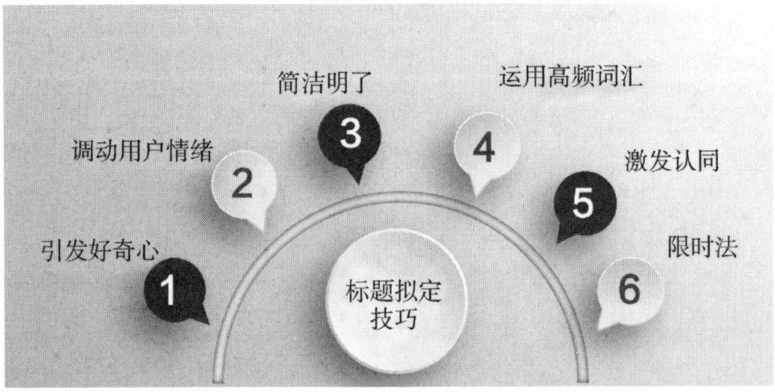


图6-1　标题拟定技巧

**◆引发好奇心**

由于提供有价值的信息是短视频的重要使命，优秀的短视频作品必然满足人们在某方面的需求。基于此，短视频创作者在拟定标题时可以利用人们的好奇心，刺激人们点击观看。比如运用“盘点”“测评”“揭秘”“汇总”“体验”等词汇提醒用户该短视频提供了独家视角；提出问题或矛盾，引导用户点击观看视频寻找答案；制造反差，通过打破常规引起用户的观看兴趣等。

**◆调动用户情绪**

情绪影响着人们的行为与决策，如果短视频标题可以调动用户情绪，往往能够对短视频传播产生非常积极的效果。比如第一、第二人称容易使用户产生带入感，创作者可以在拟定标题时使用这类人称还原某个特定的生活场景，突出内容重点，让用户可以快速了解短视频的主题；陈述某种观点，并运用标点符号增强语气，从而调动人们的情绪等。

### ◆简洁明了

简约是标题的第一要求，无论是短视频平台，还是用户，都希望短视频作品有一个简约的标题。长标题很难让用户抓住重点，而且需要用户耗费很多精力，这是传播的大忌。所以，为短视频拟定一个简约的标题非常关键，比如使用通俗易懂的词汇，用动词取代形容词，用阿拉伯数字代替大写数字等。

### ◆运用高频词汇

人是一种社会性动物，在日常生活与工作中，很多人会主动了解时事热点、时尚潮流等内容，以便获得融入群体的谈资。高频词汇就是人们在社交场合使用频率很高的词汇，这些词汇往往有热度、有流量，如果短视频标题可以使用这类词汇，将对短视频传播产生非常积极的影响。

那么，短视频创作者如何获得高频词汇呢？一方面，可以在短视频平台热搜榜、热播榜、热评榜中获取；另一方面，可以在搜索引擎中输入候选词汇——搜索结果页面词条数量更多、内容更丰富的词汇往往是高频词汇。此外，短视频创作者还可以从目标用户集聚的社群中获取高频词汇，了解他们的通用语言等。

### ◆激发认同

在日常生活中，人们更倾向于关注、传播那些他们认可的事物，对于不认可的事物，人们会排斥、抵制甚至攻击。所以，在短视频标题中激发认同，对短视频传播来说不失为明智之选。

那么，如何在短视频标题中激发认同呢？最简单的方法就是替用户发声。看到与自己观点相近的标题，用户会产生安全感、愉悦感、满足感等积极情绪，不仅会点击观看短视频，还会积极参与评论和分享。当然，要想拟定出能够激发用户认同的标题，短视频创作者必须深入了解用户的想法、观点、习惯、特征等。

**◆限时法**

限时会让人产生紧迫感，促使人们果断决策。在短视频标题中运用限时法时，必须给人们的决策提供一个充分的理由，否则限时就变得毫无意义。

以上便是短视频拟定标题的几个实用技巧，建议短视频创作者在运用之前，结合短视频的内容、目标用户特性、平台特性灵活选择，切忌盲目照搬。需要强调的是，一个好的标题仅是短视频成功的一小步，后续能否达到预期目标还要看内容、分发渠道、运营策略等。

## 封面：2种方法，制作精美封面

和标题相似，封面直接影响了用户对短视频的第一印象。想要获得较高的播放量，短视频封面必须有足够的吸引力。在短视频中，封面具有视频预告、补充标题等功能，可以快速地在用户心中形成画面。很多优秀短视频作品往往是将短视频的核心内容，比如核心人物、场景等设置为封面。在了解短视频封面的制作技巧之前，我们首先要了解短视频封面的基本规范。

**◆短视频封面基本规范**

短视频封面来源包括账号主体手动上传和系统自动生成两种方式，为确保封面合规、合法，更利于用户体验，各短视频平台设置了以下几项封面通用规范。

- **封面禁止：**严禁封面内含有违反国家法律法规的内容，比如暴力、惊悚、低俗、色情等，也不能含有二维码、微信号等推广信息，并且严禁封面侵犯他人的著作权。
- **比例尺寸：**图片比例为16：9，横版尺寸为1280×720，最小支持640×360；竖版尺寸为1080×1920，最小支持720×1280，图片大小应该在5MB以内。
- **基本要求：**图片清晰，画面完整，饱和度舒适，与视频内容关联度较高。

### ◆根据视频内容选取封面

如果采取根据视频内容选取封面的方法，那么内容创作者需要注意以下三点，如图6-2所示。

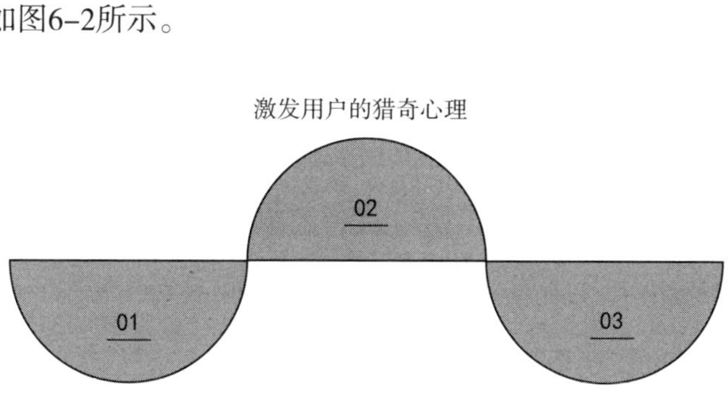


图6-2 根据视频内容选取封面的方法

（1）封面要与内容相吻合

使用与短视频内容相关的封面，有助于用户快速了解短视频想要表达的重点，从而留住对这类内容感兴趣的用户。比如美妆类短视频创作者可以在封面中放置某品牌的化妆品图片，或一位产品体验师正在化妆的场景图片，对美妆感兴趣的用户看到封面后可能会点击播放，得到他们需要的信息。

如果封面和短视频内容关联度较低，甚至完全没有关联，就会给用户造成基础认知错误，从而对短视频传播乃至账号产生负面影响。比如美妆类短视频使用金融类封面，对美妆感兴趣的用户可能不会点击，而对金融感兴趣的用户点击后却没有获得自己想要的内容，在这种情况下，用户就有可能做出拉黑账号甚至举报账号等行为。

（2）激发用户的猎奇心理

能够激发用户好奇心的封面，对提高短视频播放量有非常积极的影响。比如对于美食类短视频，创作者可以在封面中放置特色美食的成品图，利用美味可口的食物刺激用户，激发其好奇心；对于游戏类短视频，创作者可以在封面中放置完成超高难度任务或取得超级装备的图片，利用用户对如何完成这种任务或得到这种超级装备的好奇心来增加短视频播放量；等等。

（3）巧妙运用人物封面

人物封面的一大优势在于可以利用人们对人物形象的关注引发大量点击、观看行为。比如在封面中放置明星达人、经典卡通人物的图片，可以将这类人物的粉丝转化为短视频的观众。当然，使用人物封面也要讲究一定技巧：

- **善用表情：**活泼生动的人物表情图一直是网民传播的热点内容，这类图片自带流量，非常适合作为短视频封面。

● **打亲情牌**：用亲情唤醒人们的感性认知，是提高短视频封面吸引力的有效手段。

● **运用特效**：运用特效增强封面的表达力，在短时间内吸引用户，比如对背景进行虚化，让用户感受到朦胧美。

### ◆根据栏目特点选取封面图

如果是根据栏目特点选取封面图，视频创作者需要注意以下三点，如图6–3所示。

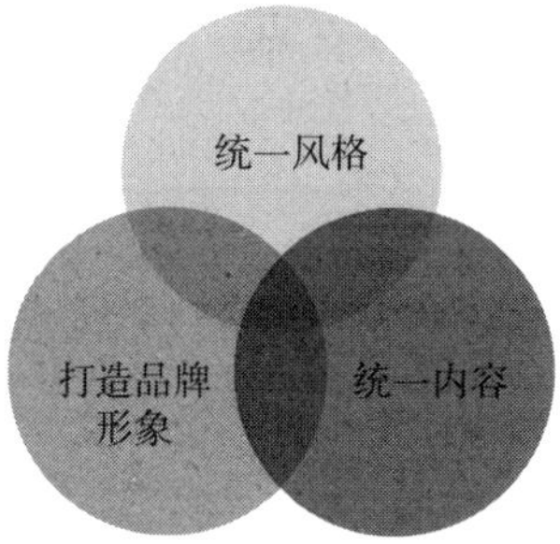


**图6–3　根据栏目特点选取封面图的方法**

（1）统一风格

统一封面图的风格，有助于强化用户对短视频的整体印象。统一风格不是要求所有的封面图都相同，而是确保它们有统一的标识、格调等。比如动漫短视频账号可以使用同一个动漫人物的不同动作、表情作封面。

（2）统一内容

统一内容就是根据短视频定位明确封面图定位。比如美食类短视频使用美食作封面图，游戏类短视频使用游戏作封面图，植物养殖短视频使用植物作封面图等。创作者应该避免封面图和短视频内容不一致的情况发生，否则用户点击短视频后会产生被欺骗的感觉，这对粉丝留存是非常不利的。

（3）打造品牌形象

封面图可以帮助短视频创作者塑造品牌形象，比如某吐槽类短视频账号每次都以一个虚拟人物为主角阐述内容，这个虚拟人物就很自然地成了该账号的品牌形象。在这种情况下，该账号可以用不同动作、表情的这个虚拟人物图片作为封面图，这既有助于短视频作品的传播推广，还有利于短视频账号的品牌形象建设。

## 文案：5个视角，撰写攻心文案

在短视频中，文案相当于短剧本、脚本，不同类型的短视频需要的文案存在一定的差异，比如故事类短视频的文案相当于小小说，广告类短视频的文案相当于说明文等。虽然好的短视频文案在内容、形式方面千变万化，但创作好文案的技巧与方法却是通用的。下面我们分享一些实用的短视频文案创作技巧与方法，如图6-4所示。

图6-4　短视频文案创作技巧

### ◆站在用户视角

在信息泛滥时代，内容应该以用户为中心，短视频文案也不例外。站在用户视角是短视频文案创作的第一要义。下面我们对一则某地产商短视频文案进行简单分析，如表6-1所示。

表6-1 某地产商短视频文案

| |
|---|
| 是时候选择留下来了，在很久的漂泊与疲惫之后，开始欣赏这里的繁华生活； |
| 欣赏熟悉的生活氛围； |
| 欣赏这里每天的进步、每天的完善； |
| 欣赏这个城市的质朴、勤劳与和善； |
| 欣赏，所以，选择 ××× |

该文案从用户内心感受出发，引导用户去发现生活、感受生活，进而选择该地产商的产品来真正融入生活，很容易在用户心中留下深刻印象。

### ◆真实、温暖、有爱

真实、温暖、有爱的文案能够打动人心，直击用户灵魂，以奔驰为女性平台She's Mercedes制作的短视频广告《买包解决不了的问题，背包试试》文案为例来简单分析，如表6-2所示。

表6-2 《买包解决不了的问题，背包试试》文案

| |
|---|
| 她有三千烦恼，更有万千解药； |
| 做好大孩子，才能养好小孩子； |
| 饿出来的好身材，总是少了些味道； |
| 别人说的，听听就行了； |

续表

| |
|---|
| 睡一觉，说不定灵感就醒了；<br>买包解决不了的问题，背包试试；<br>摔倒了，正好躺下来歇歇；<br>握好手中的方向盘，无论去往哪里；<br>遇见知己，更看见自己，加入 She’s Mercedes，发出你的声音，唤醒更多女性力量 |

文案以奔驰女车主为目标用户，用真实、温暖、有爱的文字展现了现代女性自信独立的价值观，在社交媒体中实现了广泛传播。

### ◆善用修辞手法

修辞手法最主要的作用就是增强表达效果，善用修辞手法可以让平凡的文字更有激情、张力及感染力。比如运用隐喻手法的文案“一只长颈鹿走过大街，总是很清闲；正如公园里的人们，总是踱着方步”；运用对偶手法的文案“哪有什么天生如此，只是我们天天坚持”；运用比喻手法的文案“每个人都是一条河流，每条河流都有自己的方向”；等等。

### ◆让数字说话

数字简单直观，更具说服力，可以对短视频文案起到很好的增色效果。下面我们不妨来对比两个文案，如表6–3所示。

**表6–3　文案对比**

| 【文案 A】 |
|---|
| 我是 ×× 公司的销售代表，<br>我们公司主营业务是新媒体代运营，<br>曾经运营过优质大号，也帮助客户写过很多广告文案，文案转化率很好，赢得了客户的高度评价 |

续表

| 【文案 B】 |
| --- |
| 我是 ×× 公司的销售代表，<br>我们公司主营业务是新媒体代运营，<br>曾运营过 50 多个拥有 70W+ 粉丝的新媒体大号，帮助 100 多家客户写过 1000+ 份销售文案，<br>文案平均转化率达 35%，曾在 1 小时内创造了 50 多万元销售业绩 |

显然，运用数字的文案B的表达效果要比文案A好得多。

### ◆描述场景

场景具有画面感，可以引发人的回忆、想象等。在文案中描绘场景，可以让用户将自己代入到场景中，把自己想象成短视频中的人物，去联想自己在该场景中可能出现的行为与决策。国产手机品牌OPPO火爆全网的广告文案——"充电五分钟，通话两小时"，就是结合了人们日常使用手机打电话的场景，将OPPO手机充电快的优势充分体现出来，可以快速打动那些每天要进行大量商务沟通的销售员、外卖配送员等目标用户。

## 音乐：6大技巧，打造独特风格

在短视频中，音乐或者说是背景音乐具有烘托氛围、带动情绪、引发共鸣、推动叙事等重要作用。背景音乐是短视频的重要组成部分。优秀的背景音乐既能配合画面的情节发展，还具有自己的独特风格，是短视频的润滑剂和推进器。因此，为短视频选择合适的背景音乐非常重要。

### ◆背景音乐的选择技巧

短视频创作者在选择背景音乐时，需要考虑以下6大要素，如图6–5所示。

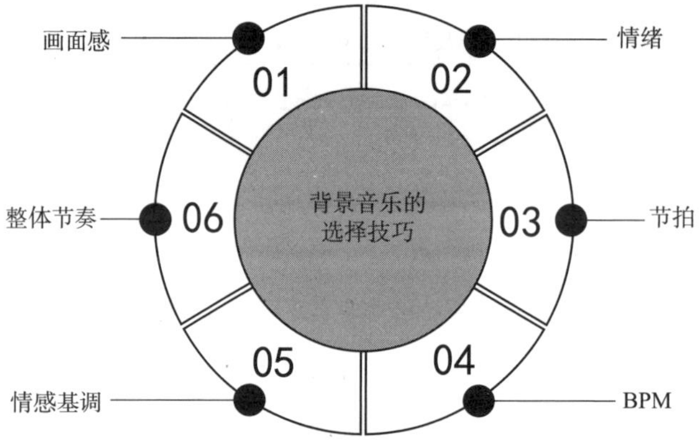


图6–5　背景音乐的选择技巧

（1）画面感

背景音乐首先应该和短视频画面相契合，比如：在汽车类短视频中有很多汽车高速行驶的画面，为了体现汽车的速度，使用摇滚乐更为合适；在奇幻探险类短视频中有很多阴暗、恐怖的画面，为了营造紧张的氛围，使用钢琴、弦乐、电子合成器类的音乐更为合适。

（2）情绪

情绪有很多种，高兴、悲伤、生气、愤怒等，这些情绪可以归结为三大类，分别是积极情绪、负面情绪及中性情绪。在为短视频选择背景音乐时，我们可以用代表不同情绪的背景音乐来增强短视频的感染力，比如：在企业展示高端技术与产品的宣传片中，可以使用气势磅礴的管弦乐、交响乐；在美食店、书店、时尚体验馆等清新文艺的生活类短视频中，可以使用清新活泼的民谣吉他、打击乐、尤克里里；在描述某个悲伤故事的短视频中，可以使用钢琴、大提琴演奏的缓慢音乐；在描述咖啡厅等适合聊天的场景的短视频中，可以使用让人放松的轻音乐；等等。

（3）节拍

主流节拍包括2/4拍、3/4拍、4/4拍、8/4拍。2/4拍节奏强，强弱规律较为单一，经常出现在舞蹈类短视频中；3/4拍有较强的流动性，有助于营造轻松活泼的氛围；4/4拍强弱规律处于中等水平，兼具流动性和节奏感，较为稳定和流畅，可以表现欢快、激烈、悲伤、平静等多种情绪；8/4拍有较强的气势与推动力，在企业宣传片中有很好的表现效果。

（4）BPM

BPM（Beat Per Minute，每分钟节拍数）是背景音乐的速度标记。参照人体脉搏正常跳动范围为60～100次/分钟，当背景音乐的BPM数值超过100次/分钟时，会让人感到兴奋，BPM值较低则会让人感到悲伤。

（5）情感基调

每个短视频都有想要表达的特定主题及想要传达的情绪，这也决定了短视频的情感基调，比如轻松活泼、庄严肃穆、鬼畜风等。短视频背景音乐的选择必须结合短视频的情感基调，否则会让用户产生违和感，降低短视频的完播率。比如：风景类短视频的情感基调通常是轻松舒缓或大气磅礴的，创作者可以为这类短视频选择古筝演奏的山水乐；生活美食类的情感基调是活泼愉悦的，创作者可以为这类短视频选择快节奏的摇滚乐；等等。

（6）整体节奏

除了故事类短视频外，其他短视频主要借助背景音乐推动节奏和情绪。为了让背景音乐和视频内容有较高的契合度，创作者在选择背景音乐时，首先应该分析视频的整体节奏。通常情况下，短视频节奏和背景音乐的匹配度越高，画面就越有表现力。

### ◆选择背景音乐的注意事项

创作者在为短视频选择背景音乐时还要注意以下两点。

（1）避免让背景音乐喧宾夺主

存在感过强的背景音乐会使其他内容黯然失色。在很多画面中，背景音乐要弱化其存在感，尤其是在视频中的人物发言时，背景音乐不应该成为影响观众聆听发言的噪声。这提醒创作者在为短视频选择背景音乐时，要特别注意带歌词的背景音乐：歌词应该易于理解，并被大众广泛认可。

**【满钇财务小剧场】短视频背景音乐的选择**

目前抖音有一个非常流行的背景音乐——Joel Adams的please don’t go的前奏，节奏轻快灵动，被众多短视频创作者所喜爱。一直在短视频领域孜孜探索的满钇财务自然没有放过这个机会，用这段音乐创作了一段搞笑短视频，如图6-6所示。

Joel Adams的please don’t go最吸引听众的就是前奏部分的哼唱，表达了恋人离开后希望恋人回头的心境，像写给恋人的最后一封信，深情款款。满钇财务利用这个主题创作了这个以离别为主题的短视频。音乐响起，两人相对而立，男生背手持花，预示着这可能是一段浪漫的感情故事。

结尾的反转虽然令人深感意外，却带给观众极大的惊喜，尤其是男生最后的表情更是令很多观众开怀大笑。对于整个短视频来说，内容与音乐相得益彰，无论是开头浪漫场景的设定，还是最后的反转搞笑，都不会让观众产生违和感。再加上这段音乐正值流行，很容易吸引用户驻足观看，使这段短视频获得了极好的曝光。

| 满钇财务短视频内容设计 |
| --- |
| 音乐响起，一男一女相对而立，男生背着手拿着一束花，看着女生说："我要走了，我会想你的。"同时将手里的花递给女生。<br>女生接过花，递给男生一张卡片，说道："想我，可以打给我啊。"<br>男生接过卡片，看了一下问道："这是什么号码？怎么这么长啊！这是移动还是联通的？"<br>女生笑着说道："这是建行的。"<br>男生一脸疑惑："建行的？"<br>女生说："嗯，麻烦把上个月代理记账费结一下！"<br>听完，男生露出一脸不可思议的表情 |

图6-6 满钇财务小剧场

（2）避免侵权

过去很长一段时间，国内音乐版权保护意识都比较薄弱，音乐人维权难、维权成本高，导致很多人养成了免费使用音乐的习惯。近几年，我国音乐版权保护体系不断完善，音乐人利用法律手段成功维权的案例大量涌现。在这种背景下，短视频创作者在为短视频选择背景音乐时，必须防范侵权问题，特别是为某个品牌或企业创作的短视频，虽然侵权判罚数额可能不高，但对品牌和企业形象造成较大的负面影响。

短视频创作者可以使用版权公开的免费音乐，或者获取版权方授权。正常情况下，一首完整的音乐作品的版权由财产权利和精神权利两大部分构成，其中，财产权利包括表演权、复制权、广播权、网络传输权等，精神权利包括署名权、保护作品完整权等。需要注意的是，有些短视频创作者会在短视频作品中使用从QQ音乐、网易云音乐等音乐平台上付费下载的音乐，认为自己已经付费，不算侵权，其实并非如此，因为音乐平台上付费下载的音乐仅限个人收听，不能作为商用音乐授权。

## 字幕：3大工具，轻松添加字幕

短视频字幕是指以文字形式呈现在短视频中的非影像内容。部分创作者认为短视频添加字幕是一件非常麻烦的事情，需要耗费大量的时间与精力，而且添加的字幕还经常出现各种问题，但有的创作者却能快速高质量地完成短视频字幕添加。为什么会出现这种差异呢？关键在于前者不会借助字幕添加工具。选择合适的工具会大幅度提高人们的工作效率，短视频字幕添加也是如此。下面分享三种实用的短视频字幕添加工具。

### ◆字幕通

字幕通提供从切分时间轴、语音识别，到字幕翻译、校对，字幕特效制作及成品导出的一站式短视频字幕解决方案。字幕通页面如图6–6所示。

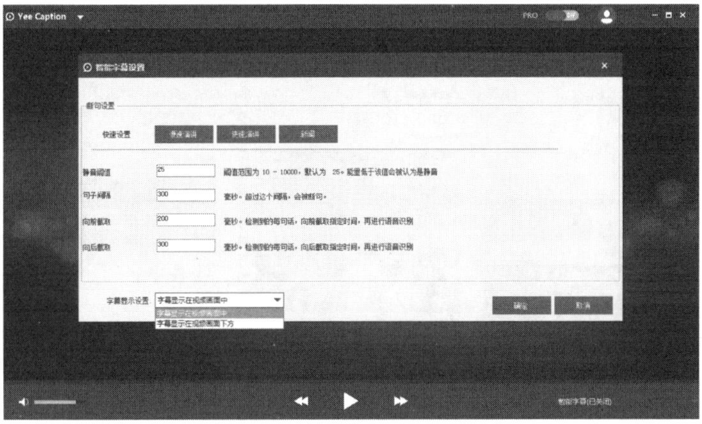


图6-7 字幕通

字幕通界面简洁、功能分区明确，非常适合短视频新手使用。借助字幕通的以下几个功能，短视频创作者可快速高质量地添加字幕。

- 字幕自动识别：字幕通能够自动对视频素材中的字幕进行识别。
- 语音自动识别：字幕通可自动对素材中的语音进行识别，并将其转化成文字。
- 字幕编辑校对：字幕通可对字幕进行编辑校对，同时提供字幕编辑框，以便创作者进行人工校对。
- 导入字幕：用户可使用字幕通快速将SRT文本字幕自动导入视频素材。

### ◆快影

使用快影为短视频添加字幕时，创作者首先要点击软件底部“+”按钮，导入想要添加字幕的视频素材，之后点击软件底部的“T”按钮来添加字幕。快影App如图6-8所示。

图6-8 快影App

快影支持两种字幕添加方式：

（1）自动添加

短视频创作者可将带有声音的素材导入快影，点击“字幕”选项，然后点击“自动识别”选项。为提高识别的精准度，应尽可能地提供普通话类型的素材。快影在自动识别的过程中，会在屏幕上方提示正在识别，并清晰地显示识别进度，识别完成后，点击屏幕右上角的“完成”选项即可。

（2）手动添加

使用快影手动添加字幕时，创作者可滑动视频进度条，并输出相应字幕。目前，快影支持调整字幕字体格式、大小及颜色。

### ◆Arctime

Arctime支持拖拽导入及文件菜单导入两种素材导入方式，可导入纯文本，也可以导入字幕文件。Arctime页面如图6-9所示。

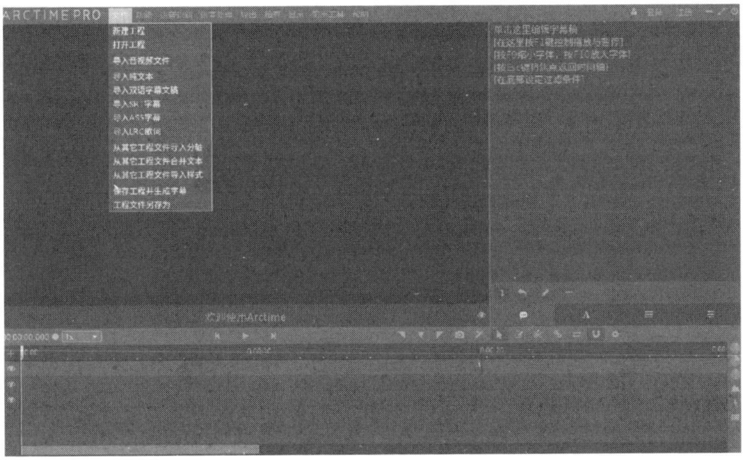


图6-9　Arctime页面

使用Arctime为视频添加字幕时，创作者可通过播放视频或声音添加字幕，添加完字幕后，可使用屏幕下方的字幕左/右功能，确保字幕和声音相匹配。同时，Arctime支持字幕翻译：创作者可使用屏幕左上方的“功能”菜单为字幕块创建待翻译副本，之后点击屏幕左上角的“显示”菜单打开字幕翻译器，根据提示对字幕进行翻译。

同时，创作者也可以手动翻译字幕。目前，Arctime仅支持逐句翻译。翻译出错时可及时修改，翻译完一句话后，点击回车键再翻译下一句，直至完成整个字幕的翻译。

在字幕调节方面，Arctime可对单语字幕及双语字幕进行调节，调节内容包括字幕位置、大小、颜色及阴影等。为短视频添加双语字幕时，可能会出现两种字幕位置重叠的情况。此时，创作者需要使用屏幕右侧的“小组管理”选项中的样式与效果，调整“垂直边距”，将某个字幕位置调高或调低。

此外，Arctime还支持字幕导出，创作者为短视频添加完字幕后，可以将字幕导出为字幕文件。字幕文件将存储在与素材相同的文件夹内，以便创作者再修改或再使用。

## 剪辑：5个策略，让视频更流畅

剪辑是指对短视频制作过程中所拍摄的素材进行取舍、分解及组接，最终形成一个含义明确、主题鲜明、连贯流畅的短视频作品的过程。对于商业短视频来说，剪辑是短视频创作过程中的一项重要工作。具体来说，短视频剪辑主要包括以下五大技巧，如图6-10所示。

图6-10　短视频剪辑技巧

### ◆保持明确的方向感

在短视频剪辑中保持明确的方向感，可以有效避免观众产生空间混乱的感觉。好莱坞导演在拍摄正反打镜头（两个人面对面场景下镜头对人物进行互相切换）时，要求摄像机不得越过轴线拍摄，就是为了确保镜头的方向感一致。那么，在短视频剪辑中，如何保持明确的方向感呢？比如，当人物在A镜头中从左边走出画面，在接下来的B镜头中他应该从右边进入画面。但如果创作者为A镜头组接的B镜头中的人物是从左边进入画面，中间就必须接上一个人物转方向的过渡镜头X。

### ◆注意镜头差异

当组接起来的2个镜头差异较小时，观众会产生不舒服的感觉。因为镜头变换时，没有让观众感受到应该出现的变化，这样的短视频是不流畅的。比如在风景类短视频中，从远景切换到近景时，观众相对习惯，但如果是从远景切换到远景，很容易让观众产生烦躁情绪。

### ◆选择合适的动作剪辑点

短视频画面剪辑点包括动作剪辑点、情绪剪辑点及节奏剪辑点，此处我们重点分析动作剪辑点。用多个镜头表现一个动作可以增强镜头语言的多样性，但这对动作剪辑点的选择提出了较高的要求。视频剪辑中经常出现的动作包括走路、跑步、穿衣、脱帽、握手、拥抱、开关门窗等。

一些人眼看起来流畅连贯的动作逐帧观看时，可能会出现一些相对静止的画面，这就是创作者需要剪辑的剪辑点。通常来说，静止的帧分配在上一个镜头后，下一个镜头就需要从开始动的帧使用。比如：脱帽时选择在手接触帽子的时候静止，开窗时手在接触窗户的时候静止，握手时在上下起伏的最高点或最低点静止等。

**◆注意分剪镜头的时间**

分剪镜头是指将一个镜头拆成两个或多个镜头使用，可以增加戏剧性、制造悬念、增强节奏感等。但当一个镜头被剪开多次使用时，如果注意分剪镜头的时间，可能会导致短视频出现节奏拖沓、时间矛盾问题等。在这种情况下，短视频创作者应该控制分剪镜头的使用次数。

**◆灵活运用剪辑软件**

（1）快剪辑

快剪辑是一款入门级短视频剪辑软件，同时支持手机端、电脑端使用。快剪辑支持用户随意拖拽素材，为用户提供了风景、美食、胶片、电影、人像等50多种滤镜，支持贴图等静态特效以及花瓣雨、烟花、下雨（雪）、粒子等动态特效，支持画中画功能等。

（2）爱剪辑

爱剪辑是国内首款免费视频剪辑软件，和快剪辑一样，也同时支持手机端和电脑端操作，而且操作简单，硬件要求低，短视频小白也能使用。不过它有一个明显的缺点，就是使用该软件剪辑出来的视频会自动在片头、片尾添加“爱剪辑”的LOGO，对用户体验造成一定的负面影响。

（3）会声会影

会声会影是一款家庭型短视频剪辑软件，该软件比较适合做家庭电子相册、节日贺卡、MTV、课件、宣传视频等，操作难度中等。如果短视频创作者想要做图片合集类的短视频作品，可以选择这款软件。除了视频剪辑外，该软件还提供捕获、特效、字幕、配乐、转场等功能。

（4）PR（Adobe Premiere Pro）

PR是一款非常专业的短视频剪辑软件，经过Adobe公司多年完善，该软件已经非常成熟，功能多元、插件丰富，而且有很多实用模板，比较适合那些对短视频质量要求较高、有丰富视频剪辑经验的短视频创作者使用。

（5）EDIUS

EDIUS也是一款专业的短视频剪辑软件，支持多种视频格式与分辨率，可处理4K超高清视频，具有实时、多轨道、多格式混编、合成、色键、字幕和时间线输出等功能，具有较高的可靠性、稳定性，缺点在于操作门槛较高。

（6）DaVinci Resolve

DaVinci Resolve是一款界面操作体验非常优秀的专业级剪辑软件，支持覆盖、插入、替换、适配填充、波纹覆盖等多种剪辑类型，以及时间线拖放、三点与四点剪辑、子片段标记、预览幻象标记等多种剪辑风格。同时，DaVinci Resolve还支持用户自定义键盘快捷键，并根据鼠标悬停位置提供波纹、卷动、滑移、滑动等功能。

## 特效：4种方法，让内容更魔性

在电影发展过程中，为了给影片添加超现实的效果，降低拍摄成本，出现了特效技术。目前，特效已经成为好莱坞电影的标配，在那些经典的好莱坞大片中，特效发挥了非常关键的作用。特效制作的范围非常广，可分为三维特效与合成特效两大部分，这两大部分又分别包括五个环节：前者包括建模、材质、动画、灯光、渲染；后者包括抠像、擦出威亚、调色、合成、汇景。

当然，对于短视频来说，创作者不需要像好莱坞电影一样花费高额的资金成本与时间成本添加特效，但可以运用一些基本特效，增强短视频的感染力，对短视频的传播、变现等也是非常有帮助的。

### ◆常见的短视频特效制作方法

常见的短视频特效制作方法主要包括以下四种，如图6-11所示。

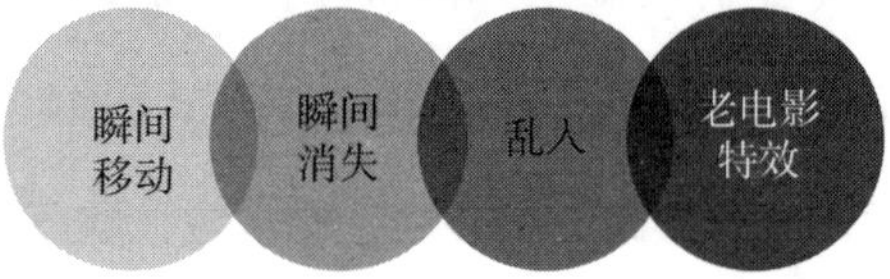


图6-11　常见的短视频特效制作方法

（1）瞬间移动

在短视频作品中，瞬间移动特效十分常见。那么，在短视频制作过程中如何实现瞬间移动呢？专业的电影特效师可能会要求逐帧拍摄，但对缺乏专业设备的短视频创作者来说，这种方法很难实现。事实上，借助一些特效软件，比如苹果手机自带的软件imotion就可以很轻易地实现该特效。打开软件，选择手动拍摄，开始拍摄后选择网格工具，然后在每次拍摄时找一个固定点确保拍摄对象在网格内的同一个位置即可。

（2）瞬间消失

制作瞬间消失特效同样很简单，创作者拍摄完素材后，将素材导入视频剪辑软件，比如快剪辑，将时间线固定在人物尚未消失的镜头，然后使用拆分工具进行拆分。之后，在人物离开镜头处再点击拆分，接着将中间镜头删除即可。当然，删除中间镜头后可能出现镜头衔接不流畅的问题，为解决该问题，创作者需要在衔接处添加一个过渡效果。

（3）乱入

短视频乱入特效是指一个画面中出现了本不应该出现的事物。比如：数千万年前的恐龙出现在了办公室，经典动漫形象皮卡丘出现在了卧室，牛顿来到了现代课堂，现代人穿越到了冰河世纪等。这种特效是如何实现的呢？短视频创作者可以借助软件“神奇AR”，打开神奇AR软件，选择想要乱入的角色，根据软件提示即可快速得到具有乱入特效的短视频作品。

（4）老电影特效

老电影特效泛指怀旧风格的特效，其晃动的光影、斑驳的画面很容易勾起观众回忆，从而引发观众的联想与想象，让他们对短视频留下深刻印象。很多软件可以为短视频添加老电影特效，以非线性编辑软件EDIUS为例，创作者在该软件中打开素材后，需要先将素材导入时间线，然后在视频滤镜选项中选择老电影效果，接着就可以通过调整信息面板中的效果参数，来控制画面的胶片颗粒、闪烁、边缘化以及刮痕等。

**◆短视频特效制作注意事项**

在制作短视频特效时，内容创作者应该注意以下几点，如图6-12所示。

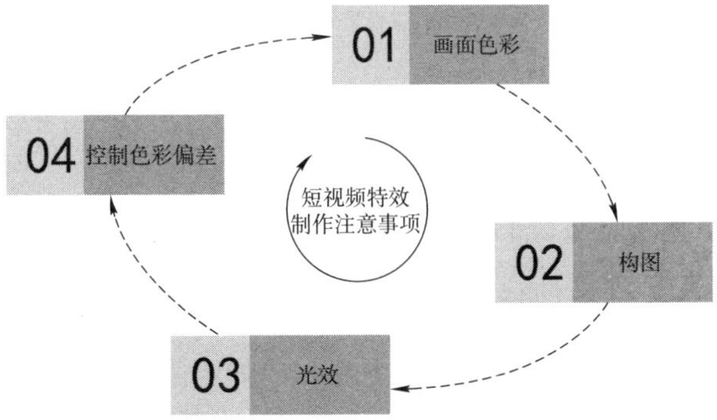


图6-12 短视频特效制作注意事项

（1）画面色彩

尽量避免在短视频画面中使用纯白色、纯黑色，如果必须使用纯黑色时，可以使用非常暗的蓝色、红色取代，让画面色彩更加协调。如果感觉画面亮度不够或亮度太高，创作者应尽量避免单一地调整画面亮度。为画面添加金属质感时，创作者要注意金属质感必须有暗部，制作暗部时可使用负值灯光。

（2）构图

在短视频中，除了那些想要展现权威、力量、严肃的场景外，创作者应尽可能地使用不对称构图，可以从衔接、剪辑等多角度考虑构图，不应该过度依赖单画面构图。构图时，创作者不应只考虑呈现在用户手机屏幕上的那部分内容，而是应该尝试时空变化、场景变化的立体构图方式。

（3）光效

一般情况下，短视频中不适合出现模糊、僵硬的光效，清晰、动态的光效往往有更强的表现力。制作光效时，虽然创作者可以直接使用拍摄软件中的光效插件，但这种插件提供的光效比较有限，可能不太适合短视频使用。针对这种情况，短视频创作者可利用专业软件自制光效，比如在PS软件中建立多个图层，在合成图层时对亮度、颜色进行调整等。此外，创作者不应该滥用光效，否则会严重影响用户的观看体验。

（4）控制色彩偏差

由于屏幕存在色彩偏差，创作者使用电脑为短视频制作出的完美特效，可能在手机上的呈现效果并不理想。比如电脑播放的短视频特效的曝光效果很好，但在手机上观看可能会感到曝光不足，必须将手机亮度调高才能和电脑呈现相同的效果。如果将这种短视频推送给用户，用户在使用手机观看时，可能会选择放弃观看，而不是去调节手机亮度。创作者如何避免这一问题呢？最简单的方法就是控制好短视频颜色的层次过渡，不要单纯地调整色块。

# Part 3

# 爆款设计：内容策划与运营指南

第7章

# 内容策划：短视频内容运营方案

## 拆解套路：爆款内容的9大类型

内容规划是一项比较复杂、烦琐的工作。在内容规划过程中，运营人员需要融入更多创意，才能获得更大的曝光量。那么，运营人员应该如何做好短视频内容规划呢？首先，我们要对目前爆款短视频的内容类型有一个大致的了解，如图7-1所示。

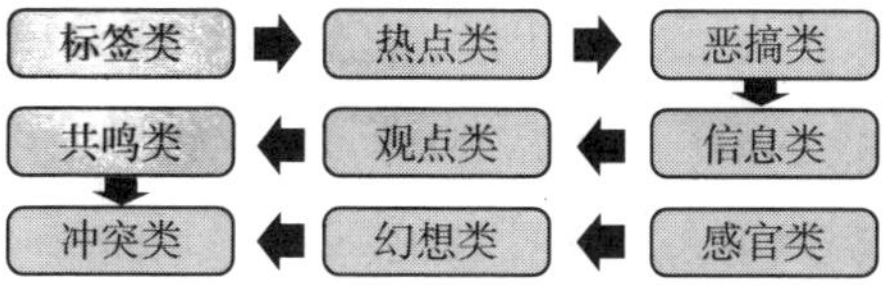


图7-1　爆款短视频内容的主要类型

◆**标签类**

标签类内容的形式非常多元化，而且会不断变化，因为短视频平台上流行的内容标签也处在动态变化状态。因此，如果运营人员选择标签类内容，必须重视内容的开放性，确保标签有较大的拓展空间。运营人员可以从以下几个角度来创作标签类内容：

- 和产品及品牌密切相关的场景。
- 体现品牌特色的品牌LOGO、音乐、故事、文化、价值观等。
- 和企业账号形象相一致的内容。

很多短视频运营人员在创作标签类内容时很容易陷入误区，认为标签类内容就等同于品牌广告，因而将企业品牌或产品生硬地植入到短视频内容中。这种行为很容易引发用户的抵触情绪，更可行的方案是根据品牌账号的人格化形象，结合用户需求创作高质量的标签类内容。运营初期，内容更新速度可以相对慢一些，但一定要把控内容质量。

◆**热点类**

热点类内容不仅是满足用户的实际需要，也是迎合各大短视频平台智能算法推荐机制的必然选择。那些和热点巧妙结合的内容更容易得到平台的流量支持。热点类内容主要包括两种：

- 社会热点类内容，如重要节假日、体育赛事、热点事件等。
- 平台热点类内容，如热门挑战赛、热门音乐、热门视频等。

### ◆恶搞类

恶搞类短视频指的是用一种比较诙谐的方式对当下年轻人追捧的热点话题进行演绎，以引发受众共鸣或获得受众认同。在创作恶搞类短视频时，相关人员必须做好前期设计，注重情节发展与整体逻辑，如有必要可以插入一些搞笑段子，增强短视频的趣味性与感染力。

### ◆信息类

信息类短视频要满足用户的三大需求：如果是资讯类短视频，要判断对用户来说是否有用；如果是知识类短视频，要判断对用户来说是否有价值；如果是技巧类短视频，要判断对用户来说是否实用。

比如，BTV养生堂节目在抖音平台注册的蓝V号，原节目的内容主要是中老年养生，但抖音蓝V号发布的内容多与防晒、减肥、美容、护肤、失眠等有关，其中一条标题为《对抗一种伤不起的胖》的短视频，主要讲述因宫寒造成的肥胖，并告诉受众如何预防。因为内容非常有价值，所以这段视频获得了68万个点赞。截至2020年1月，BTV养生堂抖音账号拥有1346.2万粉丝，点赞量高达3444.9万，如图7-2所示。

图7-2　BTV养生堂抖音账号

### ◆观点类

观点类短视频要想获得用户认可，其内容必须从观点评论、人生哲理、科学真知、生活感悟四个方面切入。以“一禅小和尚”的抖音账号为例，在反鸡汤、反情怀的当下，“一禅小和尚”却偏偏发布一些生活感悟、人生感悟，带给人们很多温暖与感动。截至2020年1月，“一禅小和尚”的粉丝量已经接近5000万，点赞量高达2.5亿，如图7-3所示。

图7-3　“一禅小和尚”抖音账号

### ◆共鸣类

短视频要想激发用户共鸣，可以从价值、观念、经历、审美、身份五个方面着手。以“末那大叔”为例，其本职工作是时尚作家。在短视频中，他设置了两个主人公，一个父亲，一个儿子，通过这两人的对话记录成年人的消费观、家庭观与生活方式，从价值、观念等五个方面激发用户共鸣。凭借这些内容，该账号收获了近1000万个粉丝。

### ◆冲突类

对于表现冲突的短视频，其冲突可以源自以下几个方面，比如角色身份冲突、常识认知冲突、剧情反转冲突、价值观念冲突等。以“开心糖水铺”为例，该账号曾发布一则短视频：一位老大爷拿着几百张兑换券要求兑换礼物，却遭到店员A的拒绝，并被告知一人只能兑换一张。此时，角色冲突与常识冲突就出现在视频中。不久，店员B过来告诉老大爷可以全部兑换，并帮老大爷把礼物装好，还答应了老大爷的送货要求。

剧情进行到这里，很多观众都会思考店员B为什么会这么做，视频也就出现了价值观冲突。但在商品送到目的地之后，观众才发现原来老大爷兑换这么多礼物是要送给留守儿童。在经过一系列冲突之后，观众看到了“正义的胜利”。

### ◆幻想类

幻想有两种类型，一种是爱情幻象，一种是对生活的憧憬。所以，幻想类短视频要想成功，要么满足用户对爱情的幻想，要么满足用户对生活的幻想。以“山村小杰”为例，这个账号主要记录一对住在山村的小两口的幸福生活：男主人公叫小杰，被称为山村鲁班大师，一双巧手无所不能，做婚纱、做秋千、做化妆品、做水空调、做洗衣机……其在很大程度上满足了年轻男女对美好生活的幻想。截至2020年1月，“山村小杰”的粉丝量达到1861.6万，获赞超过了1.3亿次，男女粉丝比例为4：6，25岁以下的粉丝占到了70%，如图7–4所示。

图7–4 “山村小杰”抖音账号

### ◆感官类

短视频可以从听觉、视觉两个方面让受众获得满足。如果短视频中有一两个漂亮的演员，就会获得用户的广泛关注，因为其在很大程度上满足了用户的感官需求。比如“摩登兄弟”，不仅颜值高，而且唱歌好听，收获了千万粉丝。

## 洞察需求：目标用户的5大流派

在短视频内容创作过程中，用户定位是非常重要的一个环节。只有绘制精准的“用户画像”，才能制作出主题明确的短视频，短视频后期的推广工作才能事半功倍。用户定位就是短视频创作者要明确自己的目标用户，要知道拍摄的短视频给谁看。

因此，短视频创作者在内容策划过程中，首先应该考虑以下几个问题：

- 短视频的目标受众是哪类群体？
- 该群体对哪些内容感兴趣？
- 该群体的年龄、职业、消费习惯等是如何影响其购物需求的。

### ◆短视频用户五大流派

二更商业视频研究院曾发布一则短视频研究报告《二更·短视频小白书》，在这个报告中，二更将短视频用户分为主张自我新青年、乐享主义、追新求知、多金高知、新中产家庭五大流派，如图7-5所示。下面我们对短视频用户五大流派进行具体分析。

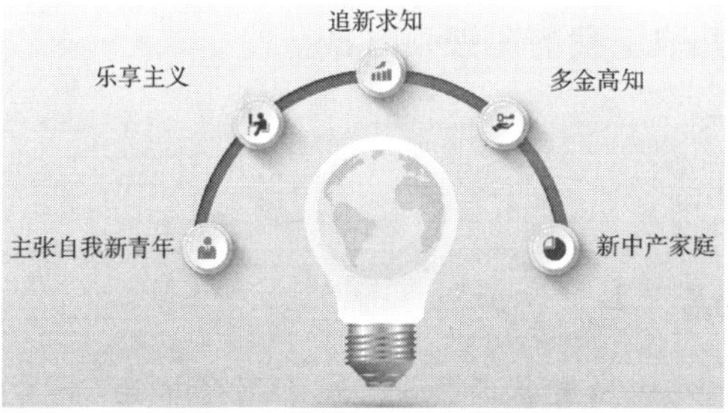


图7-5 短视频用户五大流派

（1）主张自我新青年

- 年龄：在15～21岁之间，属于年轻化的“95后”和“00后”。
- 婚恋：30%处于恋爱状态，70%处于单身状态。
- 消费情况：月均消费约2000元。

在短视频消费形式方面，他们热衷消费吐槽类、脱口秀点评类、趣味类短视频，对传统的社会热点与新闻时事类内容兴趣较低，崇尚个性、自由。

（2）乐享主义

- 年龄：以“90后”群体为主。
- 婚恋：10%已有家庭，30%处于恋爱状态，60%处于单身状态。
- 消费情况：月均消费约4000元。

该群体对娱乐内容尤为推崇，他们在生活与工作中积极追求快乐，乐于展现自我魅力、不断自我完善。同时，他们敢于自嘲自黑，经常用幽默的吐槽方式表达观点。此外，类似《大话西游》等经典影视剧作品的改编片段也是该群体热衷消费的短视频内容。

（3）追新求知

- 年龄：“90后”与“95后”。
- 婚恋：40%处于恋爱状态，60%处于单身状态。
- 消费情况：月均消费约5000元。

45.7%经常使用知乎，34.2%可以接受为优质内容付费。该群体在不断学习知识的同时，也乐于向他人分享知识，因为后者能让他们获得满足感、成就感。

（4）多金高知

- 年龄：以“80后”和“85后”为主。
- 婚恋：70%已有家庭，20%处于恋爱状态，10%处于单身状态。
- 消费情况：每月平均消费8000～15000元。

该群体收入水平较高，而且更愿意自我投资，喜欢阅读，关心社会热点与时事新闻，有较强的集体荣誉感。

（5）新中产家庭

- 年龄：“70后”为主，少部分是“80后”。
- 婚恋：绝大部分已有家庭。
- 消费情况：每月消费超过15000元。

这个群体积攒了一定的财富与人脉，有较清晰的人生规划，能够将知识转化为技能，了解如何做好自我投资及家庭投资。同时，在追随KOL方面，该群体更加重视内在的知识、才华、情商、内涵等，而不是简单地以貌取人。因此，对于这类群体来说，那些坚持自我、有独到见解的KOL往往更有吸引力。

◆**短视频用户内容需求**

（1）情感性和创意性的内容

满足情感需求是人的日常生活所需。虽然有些短视频经过后期精心修剪后确实很有表现力，但因为没有情感支持，很难在观众心中留下深刻印象。这种空有躯壳没有灵魂的内容很难成为爆款短视频，所以，注重内容的情感性是短视频创作者的必然选择。

创意性内容可以帮助人们开阔思维，打开人的想象力，让人产生眼前一亮的感觉。具体到短视频领域，主流的创意性短视频内容包括特殊技能、生活小技巧、新观点等。

（2）男女内容偏好特点显著

男性用户对体育、电子竞技、游戏、财经、科技类内容更感兴趣，追求紧张、刺激、悬念。女性用户对旅游、美食、时尚、生活类内容更感兴趣，更倾向于情感交流类内容，而且因为女性用户对细节更重视，短期收益往往会对其决策产生影响。此外，女性用户对新事物的接受度更高，若想知道哪个地方新开了什么美食店，哪个款式、颜色是当下的潮流等，她们都可以给出较为准确的答案。

（3）短视频用户日均使用时长较高

消费短视频低成本、低门槛，所以，贯穿于人们日常生活中任意碎片时间。同时，由于午休、下班时及睡前人们有较多空闲时间，这三个阶段很自然地成了短视频消费的高峰期。整体来看，短视频用户日均使用时长较高，日均使用时长在4小时以上的用户占比达34%。

## 内容定位：内容策划的4大定位

短视频的内容定位与用户定位并不是两个相互独立的体系，二者相辅相成，密不可分。只有内容定位与用户定位全部明确之后，短视频创作者才能源源不断地制作出优质的短视频。

短视频内容看起来非常简单，但只有定位明确的短视频创作者才能享受到风口带来的红利。为此，在拍摄、制作短视频之前，短视频创作者必须有明确的定位、清晰的思路，以保证短视频的质量。

所谓“内容定位”，就是短视频要呈现什么内容，这决定短视频主题的选择。有些短视频创作者总是追逐热点，什么选题流行就做什么内容，导致内容定位不明确，一味地跟风，甚至做了自己不擅长的内容，导致短视频最终呈现效果不佳。有些短视频创作者盲目从众，看到别人做什么自己就做什么，有些选题自己并不擅长，而且没有素材积累，很难制作出优质的短视频。

在内容定位方面，最简单的方法就是做自己擅长并且有一定资源积累的内容，只有这样，后期的内容策划才能得心应手，不至于做了一两个短视频之后再无素材可用，导致短视频输出中断。

其实，制作原创短视频并不难，只要认清自己的内容优势，做好内容定位，不盲从、不盲目地追逐热点，将所有时间与精力投放在一个领域，广泛积累，潜心挖掘，必定能制作出优质的原创短视频。下面我们对短视频内容策划的四大定位进行具体分析，如图7-6所示。

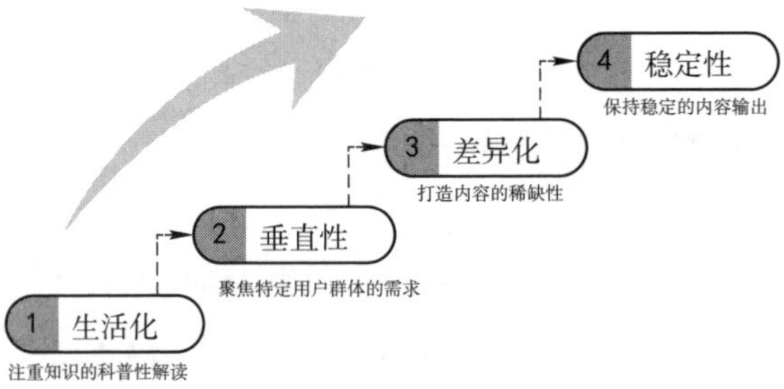


**图7-6　短视频内容策划的四大定位**

### ◆生活化：注重知识的科普性解读

生活化内容是爆款内容排行榜中的常客，因为这类内容与日常生活密切相关，观看这类内容时，每个人都有发言权。

以“老爸评测”抖音账号为例，该账号由魏文峰（国际化学品法规专家，有十多年的从业经验）创立，后者个人投资拍摄的关于检测毒书包皮的纪录片，得到了人民日报、CCTV等主流媒体的转发与报道，视频播放量达数百万人次，其拍摄者魏文峰也被网民亲切地称为“魏老爸”。

在众多家长的信任与支持下，魏文峰创建了杭州老爸评测科技有限公司，帮助人们检测化妆品、食品、护肤品等与人们日常生活密切相关的物品。每期评测内容均以短视频的形式呈现，用生活化的语言为人们解读评估结果，既有实验室的精准检测数据，又有魏文峰的专业背书，因此得到了大量网民的支持。“老爸评测”抖音账号如图7-7所示。

图7–7　“老爸评测”抖音账号

事实上，产品检测本身是一项非常专业的活动，如果用专业术语呈现，大部分人根本看不懂，自然也很难产生观看兴趣，而“老爸评测”结合人们的日常生活场景，将严肃枯燥的专业理论以口语化的形式进行表达，通俗易懂，得到了广大网民的认可与支持。

### ◆垂直性：聚焦特定用户群体的需求

短视频可以分为娱乐性短视频与垂直性短视频两类。其中，娱乐性短视频涵盖范围极广，受众非常多，但变现能力较差。垂直性短视频指的是在行业内有较强指向性的短视频，定位非常清晰，变现能力较强。

所以，对于品牌主与广告商来说，他们更喜欢垂直性短视频。因为短视频的垂直度越高，商业气质就越强，每个垂直行业背后都有强大的产业体系做支撑。如果能形成重度垂直，就能产生长尾效应，在延展与跨界方面获得更多利益。另外，短视频的垂直性越强，越容易形成IP。因为用户比较集中，在社群运营、社交传播方面更有优势，更容易积聚粉丝，扩大自己的影响力。

### ◆差异化：打造内容的稀缺性

短视频的差异性越强，越容易吸引粉丝关注。为了制作出具有较强差异的短视频，短视频创作者必须在策划过程中做好调查，明确自己要做的内容类型，了解目前市场上大概有多少同类型的短视频，这些短视频的切入点是什么，有什么风格，表现形式是怎样的。明确了这些问题之后再进行下一步筹划。

如果目前市场上同类型短视频非常多，而且已经出现了一些非常优质的账号，短视频创作者就要认真考虑是否进入这个领域，或者重新规划自己的切入角度，保证自己的短视频与市面上的短视频有明显区别。

差异化的内容会让短视频具有独特的风格，带给用户新鲜感，吸引用户关注。如果短视频创作者能制作一些稀缺性的短视频，就更容易吸引粉丝、占领市场了。

### ◆稳定性：保持稳定的内容输出

短视频必须拥有稳定的内容、持续的创造力与足够的曝光度。对于短视频创作来说，这三点非常重要，它决定着短视频创作者能否持续生产出优质的短视频。为了保证内容稳定，短视频创作者必须保持题材的连贯性。

另外，短视频创作者还必须拥有稳定的创造力。从某种程度上说，短视频之所以有强大的生命力，就是因为它被赋予了创造力与想象力。如果短视频创作者缺乏创新力，短视频内容没有新意，无法满足粉丝期待，就会失去大量粉丝。

对于短视频来说，曝光率也非常重要。因为目前，各短视频平台每天都会涌现大量短视频，如果短视频创作者无法保证自己的短视频以一个固定的频率曝光，只是偶尔出现。那么，无论短视频本身的质量多好，也很容易被覆盖，无法获得关注。所以，对于短视频创作者来说，持续、稳定地生产短视频非常重要，否则就是昙花一现，很快就会被淘汰出局。

综上所述，作为短视频创作者，要想在竞争激烈的短视频市场上获得一席之地，内容策划方面必须满足上述四大要求：生活化、垂直性、差异化、稳定性。以此为基础，再加上精良的制作，短视频创作者就有可能实现IP化。

## 选题策划：打磨选题的5大细节

对于短视频创作者来说，如何才能保证有源源不断的视频输出，什么类型的选题比较受用户欢迎，这些都是需要思考的问题。通常来说，短视频创作者在策划选题时，应该考虑以下五个细节，如图7-8所示。

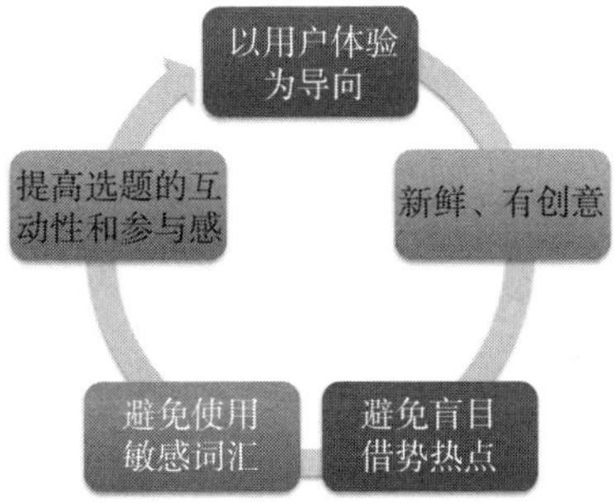


图7-8 选题策划的五个细节

◆以用户体验为导向

随着短视频平台快速增长，短视频内容愈发泛滥，再加上用户审美能力逐步提升，对短视频选题提出了更高的要求。运营者不能只将用户作为牟利的工具，应该像对待朋友一般和他们交流互动，重视并尊重用户，这样才能赢得用户的信任。

以数码科技领域的短视频账号为例，对这类账号发布的短视频播放量进行分析不难发现，新款智能产品开箱测评等新奇类内容往往有较高的播放量、转发量。对电子爱好者来说，这类内容有较强的新鲜感，而且有一定的悬念，他们愿意为此投入大量时间与精力。但是，在日常生活中，不是每天都有让用户感兴趣的新电子产品发布，而且这类短视频的制作需要付出较高的成本。

提高便捷性是产品的主流趋势，使用方便的产品很容易成为爆款。以智能手机为例，为了给用户提供良好的体验，手机品牌会开发手电筒、秒表、指南针等实用功能。但很多手机用户平时并没有注意到这些工具，如果通过短视频将这类功能清晰地呈现，既能保障用户体验，也能提高短视频播放量。

毋庸置疑的是，如果用户在观看短视频的过程中获得了感兴趣的内容，就表示这条短视频有良好的用户体验。但在一些情况下，选题不佳的内容也可能获得较高的播放量，比如设置了诱人的标题等。但对于一个想要持续做短视频运营的自媒体团队来说，这种内容的用户体验较差，会对账号后续运营产生负面影响。因此，短视频账号的运营人员在选题时，必须充分考虑选题能为用户创造何种价值，能否为用户提供良好的体验。

### ◆新鲜、有创意

从运营目标来看，短视频账号可以分为两大类，一是想要获取目标客户群体，以便向其推广产品和服务；二是通过短视频账号运营建立人格化IP，通过广告代言等方式完成变现。显然，建立人格化IP的难度和成本相对更高。

在此我们不妨从papi酱、李子柒等短视频头部账号中总结一些经验。这些短视频头部账号能够成功的因素有很多，但内容和形式新颖是它们的共性。在人人都是自媒体的时代，新颖有趣的内容都有机会成为爆款。

不过，很多时候，运营人员发现的创意无法引起用户的兴趣，导致短视频的播放量、完播率、转载量等数据表现不佳。为了解决这一问题，运营人员需要发布多条短视频从中总结规律，但这需要付出较高的时间成本与人力成本，不适合资源匮乏的中小短视频自媒体团队使用。

洞察力不足是普通短视频自媒体运营团队和头部团队的一个较为明显的差距，后者往往能找到新颖的选题视角，而前者很难做到这一点。为了确保短视频的播放量，很多中小短视频自媒体团队会改编那些已经经过市场验证的爆款内容，这种做法虽然能保障一定的播放量，但很难积累忠实粉丝。

**【满钇财务小剧场】新鲜、创意的选题设计**

当然，这并不意味着普通短视频自媒体团队就不能找到新鲜、有创意的选题。例如，满钇财务将浪漫的婚礼场景与财务人员四处奔波、漂泊不定的职业特性相结合，对婚礼誓词进行创意性修改，创作出这样一条短视频，如图7-9所示。

| 满钇财务短视频内容设计 |
| --- |
| “新娘”手捧鲜花与“新郎”面对面站立，主持人问道：“新娘你好，你愿意不管他是财务顾问还是主管经理都不离不弃一直爱他吗？” |
| “新娘”回答道：“我愿意。” |
| 然后，主持人问道：“新郎你好，你愿意不管她是见客户还是省外出差接单都一直爱她吗？” |
| “新郎”回答道：“我愿意。” |
| 主持人接着问道：“新郎新娘，你们愿意无论对方每月注册代理记账业务是否达标仍结为夫妇吗？” |

图7–9　满钇财务小剧场

婚礼场景的誓词都是一成不变的，虽然很多人会用婚礼场景来创作短视频，但极少有人对婚礼誓词进行修改。满钇财务将婚礼誓词与会计人员需要定额完全业绩目标、经常见客户、出差等特点相结合，编制了一套全新的誓词，不仅引发了业内人士的共鸣，而且让业外人士在欢笑之余对财务行业有了更深的了解。另外，在整个短视频中，新郎新娘的前面始终放置着一块“广告牌”，上面写着“满钇财务”四个字，在无形中做了一场广告植入，给观众留下了深刻印象。

由此可见，只要有好的创意，就能让一些传统选题绽放出新的光彩。这也告诉短视频创作者无须一门心思地求新、求变，而是要学会观察生活，从日常工作、生活中寻找创意点，创作出爆款短视频。

### ◆避免盲目借势热点

热点内容往往有较高的话题度，选题时借势热点内容更容易提高短视频的播放量，但借势应该避免盲目，要坚持传播正能量。如果运营人员为了吸引关注使用一些较为敏感的时事、政治类内容，虽然短时间内可以取得较高的曝光量，但可能会因违反平台规则、法律法规等被封号，甚至需要账号责任人承担民事、刑事责任等。

### ◆避免使用敏感词汇

短视频平台都会设置一定的敏感词，而且不同平台的敏感词也不同，A平台的热点词在B平台可能是敏感词。平台系统会限制含有敏感词的短视频在平台传播。为了避免这一情况发生，短视频运营人员需要对平台动态保持密切关注，深入分析平台发布的公告、规则。对于那些不确定是否是敏感词的词汇，运营人员可以在平台中搜索相关短视频：如果这类短视频播放量较低甚至找不到这类短视频，这类词汇很可能就是敏感词。

### ◆提高选题的互动性和参与感

此前，报纸、杂志、电视、广播等传统媒体具有较强的垄断性，内容题材、呈现形式等都是由传统媒体主导的，用户只能被动接受，这导致很多传统媒体人员缺乏用户思维。进入新媒体时代后，他们未能及时转变思维模式，仍按照自己的主观想法做内容运营，这种供给和需求错位的运营策略自然很难取得成功。

增强选题互动性是用户思维的重要体现。那么，如何提高短视频选题的互动性呢？运营人员可以借鉴以下几种技巧：

- **低门槛、易参与的选题。**比如：健身类账号可以选择无器械健身、办公室健身的选题，时尚类账号可以选择日常服装搭配的选题，美食类账号可以选择普通食材加工的选题，等。
- **适合在内容中引导用户参与的选题。**比如选择家庭自制啤酒的选题时，短视频运营人员可以在文案中邀请用户参与，鼓励用户将制作过程剪辑成短视频投稿，并为优秀作品提供奖励。
- **融入情感元素，可以引发用户情感共鸣的选题。**比如：母婴类账号可以选择亲子关系选题，科技类账号可以选择机器如何与人相处等能够引发人们思考的选题，等。

第8章

# 爆款内容：打造完美的IP人设

## 账号设置：提高账号推荐权重

对于自己观看的视频内容，用户很少思考发布方的账号类型，或者其后续生产的内容是否符合自己的需求。为此，短视频账号在进行人设打造时应该考虑到用户的这一特质，让自己的账号具备足够的吸引力。通常来说，短视频的账号设置主要包括以下四项内容，如图8-1所示。

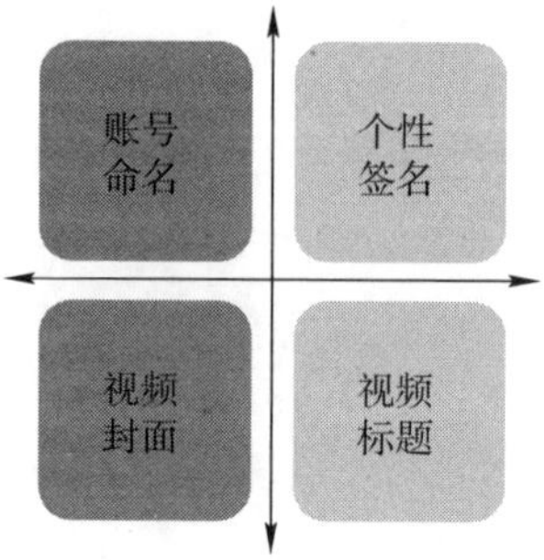


图8-1　短视频的账号设置

### ◆账号命名

一个好的账号名称往往能够起到快速增粉、降低推广成本、提升粉丝转化率的作用。而在账号命名的过程中，短视频创作团队需要重点考虑一个问题，即账号名称必须与自身定位相结合，比如所属领域、用户目标群体、品牌理念等。下面我们来介绍一下短视频账号的命名技巧。

- **简洁易记**：账号名是短视频平台为区分账号而为每个账号设置的特定名称符号。简洁易记的账号名容易在用户心中留下深刻印象，对账号形象与口碑建设有非常积极的影响。那么，如何起一个简洁易记的账号名呢？一般来说，简洁易记的账号名具有字数短、无生僻词汇、符合人们发音习惯等特征。

- **谐音命名**：由于短视频账号越来越多，起一个辨识度高的名字很有必要，而谐音命名往往可以帮助创作者实现这一目标，比如用“江”谐音“将”，寓意未来等。

- **以领域命名**：这种命名方式主要是利用关键词，让用户可以快速感知账号的内容方向。关键词可以选择地名，也可以选择行业名。

- **数字命名：**古希腊哲学家、数学家毕达哥拉斯（Pythagoras）提出了“数是万物的本质”“数字支配宇宙”等理念。数字在日常生活中随处可见，运用数字命名账号也是一种常见的账号命名方式，数字命名不但可以提高账号的辨识度，还能通过数字传递一些美好概念。

### ◆个性签名

不少观众在看到自己喜欢的短视频内容后会进入账号主页，进一步了解账号的相关信息，明确这个账号是否符合自己的偏好，然后决定是否关注账号。在这种情况下，账号的个性签名既能向观众介绍账号信息，又能发挥引流作用。

用户希望通过主页的信息介绍来了解账号的相关情况。因此，主页内容要向用户清晰明了地介绍自己，具体内容可以分为两行，第一行的内容要简短，不要超过二十个字，第二行可以将微博账号信息公布出来，引导粉丝关注自己的微博。

### ◆视频封面

在看过某条视频内容后进入到账号主页的用户，通常会去浏览这个账号往期发布的视频内容，通过这种方式来评估这个账号是否符合自己的偏好。为了提高账号内容对用户的吸引力，要注重对视频封面的选择。虽然点赞量较高的视频能够刺激用户点击观看的欲望，但这个指标是运营者本身很难去控制的，相比之下，视频封面却是由自己决定的。

为提高视频内容对用户的吸引力，应该让所有视频封面的风格保持统一，让观众觉得这些视频与自己看过的第一条一样具有较高的质量，且符合自身的内容偏好，这样才能吸引他们关注账号。相反，如果视频封面没有统一的风格，用户就无法对账号的类型做出准确的判断，最终也不会选择去关注这个账号。

除在风格上保持一致之外，视频封面还要将主角放在核心位置，如果居于封面主导位置的不是主角而是一些缺乏意义的背景元素，则无法吸引用户的注意力。对于知识类的内容，应该进行文字标注。

### ◆视频标题

很多短视频自媒体是从传统媒体转型而来的，有时，他们耗费大量时间和精力创作出画面优美、文案精致的短视频内容，但观看者却屈指可数。背后的原因就在于短视频标题存在问题，在用户有多重选择的情况下，如果短视频标题不能吸引用户，即便内容有较高质量，也很难成为爆款。

大部分短视频平台向用户推荐内容时，通常是根据用户标签和标题关键词匹配度进行推荐。比如：某用户的标签为“科技”“游戏”“潮流”“90后”，短视频标题为“向这些脑洞大开的发明致敬”，平台从标题中提取的关键词为“脑洞大开”“发明”“致敬”。此时，由于标题关键词中的“脑洞大开”“发明”和用户标签中的“科技”“潮流”存在较强关联，平台系统便会将该视频推荐给这位用户。

为提高标题质量，运营团队需要从短视频制作流程方面做出调整。尽可能地在选题时设置标题，而不是在内容生产完成后再临时设置标题。而且在选题时设置标题对后续工作也有积极影响，有了标题后，内容创作也会有一定的思路，而且这样创作出来的内容基本不会出现“标题党”问题。

很多运营者习惯在完成内容制作后再确立标题，除此之外，也可以在内容策划阶段就选定标题。如此一来，创作者就能根据标题进行内容设计、视频制作，根据自己的设想进行内容展现。在形式方面，创作者可以选择疑问式标题吸引观众参与到问题回答中，也可以对视频内容进行简要概括，或者设置悬念吸引粉丝点击观看，又或者对视频背景进行说明，带给用户更好的观看体验，抑或在标题中传达自己的态度、价值观。

## 塑造人设：打造高辨识度的IP

在新媒体时代，娱乐化内容受到大批用户追捧，IP打造日渐流行。内容创作者想要积累流量，就必须进行人设打造，进而得到资本支持并完成变现。一般来讲，“人设塑造”指的就是面向用户建立一个特定的形象，在进行内容运营的基础上进行变现。而要塑造IP人设，首先要通过内容输出，将主角以某种形象展现在受众面前。

在塑造人设的过程中，创作者应该明确自身的定位，对于自己扮演的角色、承担的任务，以及自己的优势等产生清晰的认识。为了让自己的内容得到受众认可，创作者必须寻找自己具备的、能够吸引用户目光的特质。

与其他内容呈现方式相比，越来越普及的竖屏短视频在社交方面表现得更加优秀。对于真人出镜的短视频创作者来说，他们在镜头中的表现，以及给观众呈现的印象决定了其最终的人设。这种人设能够直接影响创作者与观众的互动关系，并对其IP的市场认可度及可持续发展性产生关键影响。

那么，短视频创作者应该如何塑造人设，从而打造高辨识度的IP呢？我们可以从以下几个方面入手，如图8-2所示。

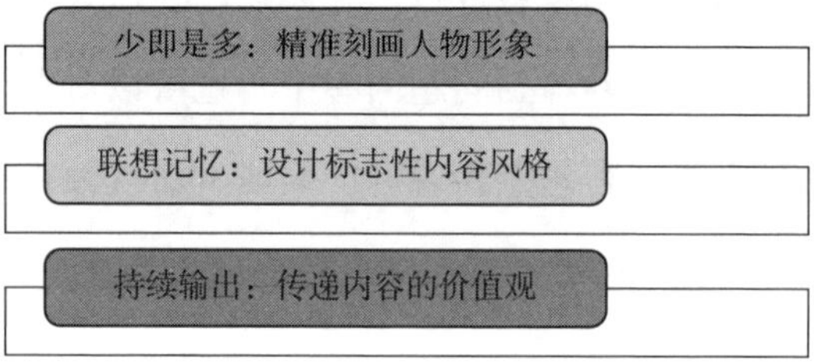


**图8-2　塑造人设的三大策略**

### ◆少即是多：精准刻画人物形象

根据木桶理论，在众多组成桶壁的木板中，发挥决定性作用的是最短的那块木板。然而，这一理论在短视频营销领域却并不适用，因为创作者在短视频内容中要着重表现自己的优势，也就是最长的那块木板。如果能够将自己的优势发挥到极致，与观众形成良好的互动，就能达到最终的营销目的，实现转化。

不同于电影、电视剧等长视频内容，短视频的时长较短。所以，通过短视频进行人设打造，无法像长视频那样从不同角度对人物性格进行细致而深刻的刻画，而是要在有限的时间里强化几个重点特质。举例来说，一部影视作品可以表现出主演与家人、朋友的关系，在事业奋斗中付出的努力，对爱情婚姻的态度等，但一条短视频很难表现这么多内容，只能呈现其中的一点。

一条短视频通常不到三分钟，甚至只有十几秒，如果人物性格的设定过于复杂，很难将整个人物形象清晰地展现在观众眼前。因此，通过短视频打造的人设应该从众多性格特质中选取其中的几个点，通过集中展现让观众产生清晰认知。

### ◆联想记忆：设计标志性内容风格

一般来说，外貌出众的人走红的难度相对较高。但这并不意味着外貌普通的人就无法获得观众的喜爱。事实上，很多短视频平台的头部创作者在外貌上并无明显优势，但依然能吸引大批粉丝，主要归功于两大原因：第一，这类头部创作者输出的内容质量很高；第二，这类头部创作者具备标志性的内容风格。比如，拥有千万粉丝的“黑脸V”始终以一副黑色面具示人，带给观众一种神秘感，这就是他打造出来的一种具有辨识度的形象，如图8–3所示。

图8–3 “黑脸V”抖音账号

对于短视频创作者来说，要提升人物形象的辨识度，就要从人物的各个细节出发，包括服装搭配、行为动作、语言特色等。例如，当我们听到“一个集美貌与才华于一身的女子”时，就会自然而然地想到papi酱。为了给观众留下深刻的印象，内容创作者可以使用标志性的语言或动作，反复在视频内容中展示给观众，让观众将这种标志与自身形象联系起来。

### ◆持续输出：传递内容的价值观

无论什么类型的短视频，都能够向用户传达一定的价值观。内容创作者在进行短视频制作时，应该明确内容主旨，确保不同的视频内容在价值观方面保持统一。内容创作者可以根据自己的特长选择其中的一个侧重点进行内容生产。可以着重表现生活的美好，也可以用幽默的方式批判人们在生活中遇到的困扰。在选择内容时，为保证主旨清晰，内容创作者可以对平台头部账号进行分析，借鉴其内容形式进行自我创作。

在突出形象特色的同时，还要确保这种形象与周围的环境、内容创作者的整体定位保持一致。另外，要对受众的接受能力进行分析，避免推出超出受众接受范围的视频内容。如果账号本身主打专业知识，就要考虑自己所在的专业领域，使自身形象与专业相统一。比如讲解法律知识时最好穿西装，避免穿着过于随意让受众怀疑自己的专业性。

短视频内容想要获得用户的持续关注，就要采用固定的人设，以此为核心进行内容输出，逐步提高粉丝用户的忠诚度。在此基础上，为了带给粉丝更多的新鲜感并拓展自己的受众群体，可以在保证人设统一的基础上灵活改变内容呈现形式，比如改换角色的发型、服装搭配风格等。

## 强化标签：攻占用户心智认知

对于用户来说，他们观看短视频的主要目的是打发零散的空闲时间，通常不会集中精力去分析短视频账号的具体信息。因此，创作者要想扩大自身信息的覆盖面，提高自身账号对用户的吸引力，就应该建立自己的标签，让用户通过标签了解自己。从这个角度来说，人设类似于几个标签的结合体。内容创作者要善于发现与自身风格相符、适合进行广泛传播的标签。

标签可以让短视频变得更独特。在策划短视频的过程中，短视频创作者要寻找一个独特的“点”，将其固定下来，这个“点”就会成为短视频的一个标签。短视频创作者要不断地强化这个标签，将其打造成短视频的灵魂，让人一看到这个标签就会不由自主地想到这个短视频。

相较于图文来说，短视频更适合用来进行个性化表达。而且短视频非常容易被赋予某种人格化的表现形式，只要被贴上某种标签，就能慢慢渗透到用户对事物的认知中。这与内容定位有着非常密切的关系，所以标签要通过内容不断强化。一旦短视频有了明确的标签，无论是内容开发还是之后的商业运营都不能脱离这个标签。

所以，在这个阶段，短视频创作者的主要任务就是挖掘短视频的“点”，形成标签。因为有了标签之后，短视频会逐渐形成品牌，释放出更强大的影响力，吸引更多粉丝。那么，短视频创作者应该如何强化标签属性，打造个人IP效应呢？我们可以遵循以下三大策略，如图8-4所示。

图8–4　强化标签的三大策略

### ◆建立标签：打造独特的内容符号

创作者要想在观众面前展现特定的人物形象，就要选择或打造特定的场景，并在视频内容中展现自己与该场景中的某些人存在怎样的关系。从这个角度来说，要强化标签属性，也要在短视频内容中进行场景、人物刻画。另外，创作者应选择与自身人设保持一致、能够获取观众认可的价值观，并在视频中讲述相关细节，以生动形象、真实有效的内容打动观众。

标签的选择与建立是在短视频内容运营过程中逐步形成的，不是由内容创作者直接向用户说明的。在制作内容时，短视频创作者要注重呈现自身独特的标签特质，将想要呈现的形象展现在用户面前。为了提高账号对用户的吸引力，创作者必须在短视频内容中建立一个独有的形象，让用户能够发现其差异化特征，形成一定的黏性，实现忠实用户的积累，为后期变现奠定一个良好的基础。

### ◆内容设计：与IP人设深度契合

在设计短视频内容的过程中，设计者要保证新视频的内容与自己的人设保持一致，不应盲目追逐热点。虽然热点内容能够提高对观众的吸引力，但聚焦于垂直领域的账号更要明确自身定位，选择符合自身风格的内容类型，确保账号的内容质量。只有让内容风格保持一致，才能提高粉丝的黏度，实现流量积累，继而达到变现目的。

内容创作者必须保证同一个账号产出的所有内容都与其既定人设保持一致，内容风格、创意等内容要放在这之后进行考虑。从长期发展角度来看，相较于爆款数量来说，内容本身是否符合其人设才是决定整体质量的关键因素。

视频内容应该与人们的日常生活有所不同，以差异化内容吸引观众，同时又要贴近日常生活，让用户觉得内容与自己息息相关，愿意参与到其中。为此，短视频创作者应紧跟生活热点，生产符合用户需求的内容，才有可能打造出爆款。

### ◆人格化：打造内容的情感属性

人格化就是将事物拟人化，赋予事物人一般的情感、动作。人格化打造是短视频内容运营的一项重要工作。实现人格化的短视频可以和用户进行情感交互，不是简单地传递信息，对引流、促活、转化等具有十分积极的影响。

人格化打造需要一系列数据的支持。在数据的帮助下，运营人员可以更高效、精准地打造符合目标用户期望的虚拟人物，降低试错成本。具体来说，运营人员可以遵循以下四个步骤来进行人格化打造：

- 分析目标用户，通过抖音官方及第三方提供的数据工具找到目标用户群体，并分析其年龄、性别、兴趣爱好、使用习惯、内容偏好等。
- 分析目标用户关注的KOL及其账号的内容特征。找到目标用户集中关注的KOL，分析其年龄、性别、兴趣爱好、人设，以及该账号的内容形态、风格、发布频率等。

- 根据KOL特征描绘人格化形象模型，并尝试结合品牌故事为其添加特色元素，以便使人格化形象具有更高的辨识度。

- 持续输出符合人格化品牌形象的优质内容，不断强化用户认知，逐步抢占用户心智。

## 粉丝运营：有效提升粉丝黏性

在打造短视频IP时，创作者不仅要考虑自身的情况，还要通过长期的内容运营来提高粉丝黏度，对目标群体的喜好、习惯进行综合把握。要面向受众群体开展调研，通过这种方式了解他们的相关情况，据此调整自己的人设定位，对之前确定的标签进行筛选，保留那些受众喜欢的特质。只有这样，才能保证账号在运营初期就能得到部分受众的青睐，为后期的发展打下良好的基础。那么对于短视频创作者来说，如何通过内容运营积累粉丝，提升用户黏性呢？我们可以采取以下三种策略，如图8–5所示。

图8–5　短视频粉丝运营的技巧

### ◆建立连接点：消除与粉丝的距离感

要想受到大众的追捧，就必须拥有与众不同的地方，比如才艺出众、五官精致、专业知识丰富等。与此同时，这种与众不同又会拉开内容创作者与观众之间的距离。针对这一问题，创作者必须采取恰当的措施来消除距离感，密切双方之间的关系。

对于短视频平台上的一些头部创作者来说，他们之所以能够获得千万粉丝的喜爱，究其原因，除了拥有特长和优势之外，还十分注重挖掘自己与粉丝之间的连接点，而不是一味强调自己的与众不同。为了消除与粉丝之间的距离，很多达人会在粉丝面前表现一些无伤大雅的缺点，让自己的形象更加真实、自然。

### ◆粉丝互动：与用户建立“强关系”

与其他内容呈现方式相比，短视频的社交属性更加明显，所以，内容创作者要更多地考虑用户需求。创作者要将内容价值呈现给受众，使他们关注自己的账号，通过两者之间的互动实现粉丝用户的积累，只有这样才能得到受众的认可，最终达到变现目的。也就是说，创作者在进行内容输出的同时，也要重视用户运营。

内容创作者可通过评论、私信、直播及视频等形式与用户互动。在评论区与用户互动是一种比较普遍的方式。在具体互动过程中，要保证互动内容与账号人设保持一致，否则用户会认为创作者发布到平台上的内容是经过排演后制作出来的，并非其真实表现。

除了在短视频平台与用户互动之外，内容创作者还应该在其他渠道开展运营，比如微信、微博等。因为除了观看短视频之外，用户也会关注其他媒体平台上的信息。所以，内容创作者应该在账号简介或互动区将自己的微博、微信信息发布出来，吸引用户到这些平台关注自己的内容，并通过粉丝群开展用户运营，进一步强化双方之间的互动关系。

### ◆坚持内容导向：不刻意迎合粉丝

无论是明星还是达人，其发展都离不开粉丝的支持。正因如此，他们才专注于人设打造，希望借此制造热点话题，进而扩大流量基础。选定人设之后不要随意切换，应通过长期的内容运营逐步加深粉丝的印象。不仅如此，创作者进行内容设计与制作时，应该以人设为参考进行适当的筛选，不应盲目从众。

只有坚持输出与自身人设相符的视频内容，才能带给粉丝清晰的形象，逐步强化与粉丝的关系。不过，为了更贴近粉丝群体，也可以选择在恰当的时机产出与粉丝日常生活相近的短视频内容，具体如短视频制作花絮、节日问候、粉丝互动短视频等，通过这种方式巩固自己与粉丝群体之间的关系。

内容创作者在进行内容生产时，首先，应该考虑目标受众的需求，参考数据统计结果对自身内容进行优化，但同时也要保持独立的风格，不能为了满足市场需求完全失去自我。无论什么类型的账号，在发展过程中都无法避免粉丝流失的问题。即便是在现实中，人们也会面临朋友疏远的情况。对于这一点，内容创作者应做好充足的思想准备。其次，在内容创作的过程中，创作者要从自身的实际情况出发，避免伪造。人设并非来源于主观想象，而是需要创作者根据自身情况进行挖掘。在选择过程中，创作者的外部形象、性格特点、个人优势都可列入筛选范围。如果创作者对自己的情况缺乏足够的了解，不妨先与自己的朋友沟通，请他们对自己进行评价，从而更好地认识自己。

在具体挖掘过程中，首先要找到可能对受众产生吸引力的特点，然后根据这些特点制定内容、运营策划，逐一实施各个策划方案，利用数据对每个方案的执行效果进行统计，从中找到对观众最具吸引力、最能突出自身风格的特点。接下来，还要对这些特点进行重复深化，直到给观众留下深刻印象，让他们记住自己的独有特质。

第9章

# 精细运营：实现内容转化与变现

## 短视频运营的5大作用

短视频运营是一项以线上用户使用场景为基础，需要与内容、用户、机构、产品进行深度交互且具有营销性质的活动。短视频的运营流程相对比较复杂，涉及的环节众多，其最终目的是吸引更多用户，实现用户增长。

### ◆短视频运营的两种类型

具体来看，短视频运营可分为两种类型，如图9–1所示。

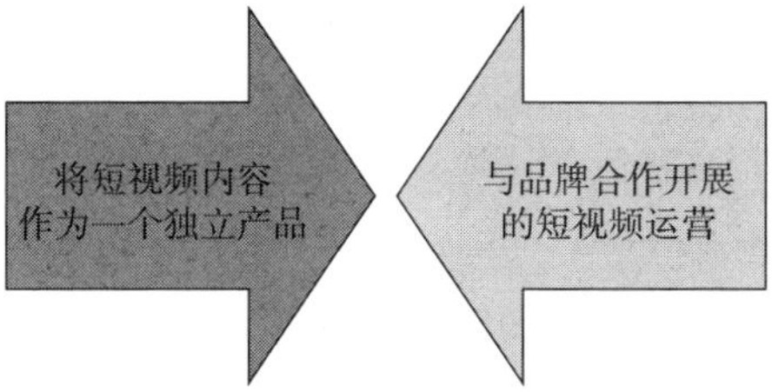


图9-1 短视频运营的两种类型

（1）将短视频内容作为一个独立产品

短视频运营利用新媒体平台为有意愿开展运营活动的短视频内容产品及短视频内容团队服务，以短视频内容产品为核心开展相关活动，从而提高短视频内容产品的触达率，提高用户的参与度，提高短视频内容IP的知名度，帮短视频内容产品沉淀更多用户，提高品牌价值，使用户占有率与市场占有率不断增长。

（2）与品牌合作开展的短视频运营

这类短视频运营的对象是附加与重叠的内容产品，因为这类产品包含了两部分内容，一是内容团队生产的内容，二是品牌方与合作方的运营需求，具体操作流程更加复杂。所以在运营时，品牌方与内容方要相互协商，在两类不同的需求间找到一个平衡点，使运营效果得以切实提升。

### ◆短视频运营的五大价值

现阶段，品牌与企业都非常重视短视频运营。那么，短视频运营究竟有何作用呢？在笔者看来，短视频运营具有以下五大价值，如图9-2所示。

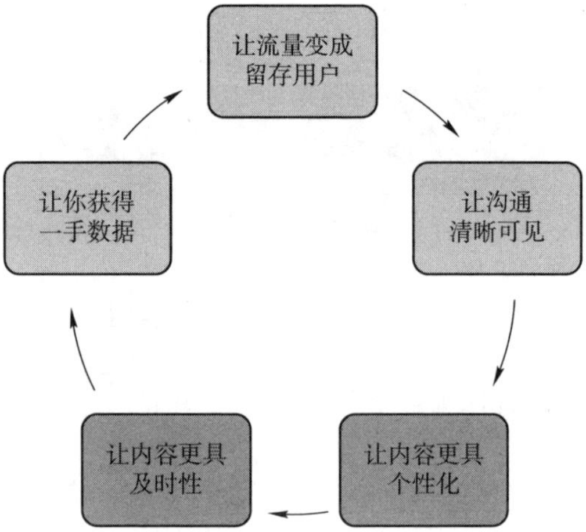


图9-2　短视频运营的五大价值

（1）让流量变成留存用户

优质的短视频内容可以带来免费流量，为了获得更多优质用户，短视频平台对优质内容的渴求度非常高。为此，短视频平台非常愿意与短视频内容生产方合作，用内容置换流量。在线上流量价格不断攀升的当下，如果将这些流量换算为广告价值，其价值无法估量。

所以对于短视频内容创业团队来说，初期必须源源不断地生产优质内容，吸引更多优质流量。在获取足够的流量之后，企业或品牌要通过运营将流量转化为真实有效的用户，沉淀到自己的平台账号或专属网站、App上。

现阶段，在新媒体领域，微博、微信、抖音是企业或品牌首选的用户沉淀平台。通过这些平台，企业可以直接和用户交流、互动，将用户引流到自己的官方网站或App，将其转化为自己真正的用户。如果企业或品牌只发布短视频，不开展运营活动，那么流量转化、用户沉淀根本无法实现。

所以，短视频运营的真正价值就在于帮企业或品牌获取更多顾客，实现用户留存。因为流量无法直接变现，只有获得真实有效的用户，形成长期稳定的商业模式，才能实现稳定变现。所以，企业或品牌通过短视频运营积累了一定的流量后，必须做好后续的运营与维护，不要让前期的心血付诸东流。

（2）让沟通清晰可见

在互联网环境中，信息都是双向传递，一些单向的信息传递毫无意义。通过短视频运营，企业可以将获取的用户反馈生成新的内容再次传递给用户，比如对评论区、弹幕区进行管理，回复用户在微信后台的留言等。总而言之，运营人员一定要关注用户反馈，不能让用户提出的问题或建议“石沉大海”。

其实，从某种程度上来看，企业发布短视频就是为了与用户互动，获得用户反馈，这些反馈信息往往包含很多内容，比如新选题、新的产品迭代思路、新的消费需求、新的市场需求等。对于企业或品牌来说，这些信息非常宝贵。

（3）让内容更具个性化

企业在设计短视频内容之初，就应该对后续的运营事宜进行考虑。因为通过短视频运营，企业可以让内容更好地触及用户，让内容产品在上线之后持续发酵，产生长尾效应。

一次成功的运营一定是以人格化的方式，与内容产品的定位相结合，以某种身份参与评论区管理，开展精细化运营。每开展一次线上活动、获得一次运营反馈，运营人员就能让内容产品更具人格化特征，在用户心目中留下更深刻的印象。

（4）让内容更具及时性

短视频运营往往有一支专门的运营团队，通过精细化运营，内容产品会变得更有韧性。所以，在一些热点事件发生后，运营团队可立即结合热点制作内容，响应市场需求。在互联网环境中，获取信息、感知信息、向用户反馈信息的速度越快，就越能获得更多流量，享受更大的流量红利。

（5）让你获得一手数据

内容生产团队在生产短视频内容时应将大数据视为一个非常重要的参考项。如果企业将短视频内容生产项目全权委托给一个专门生产“爆款内容”的编导团队，很有可能投入极高的成本，效果却不好。所以，在相对稳定的商业模式形成之前，内容生产团队不要在内容制作方面投入太多不必要的成本。

“一千个人眼里有一千个哈姆雷特”，因此内容的好坏没有标准。如果企业盲目地相信编导个人对内容的审美，那么很有可能生产出不被大众接受的内容。所以，对于短视频内容团队来说，最好的内容迭代方式就是聘请合适的员工，通过内容运营获取来自用户、渠道、市场等各个层面的数据，通过数据分析寻找合适的切入点，不断地更新内容产品，将流量转化与用户转化维持在一个相对稳定的水平上。

内容生产团队通过内容运营获得的“一手数据”极具价值，通过对这些数据进行分析、处理，内容运营团队可以看到市场变化，明确自己的产品定位，提升市场竞争力。

## 短视频运营的4个方面

具体来看，短视频运营主要包括4个方面，即内容运营、用户运营、渠道运营和社群运营，如图9-3所示。

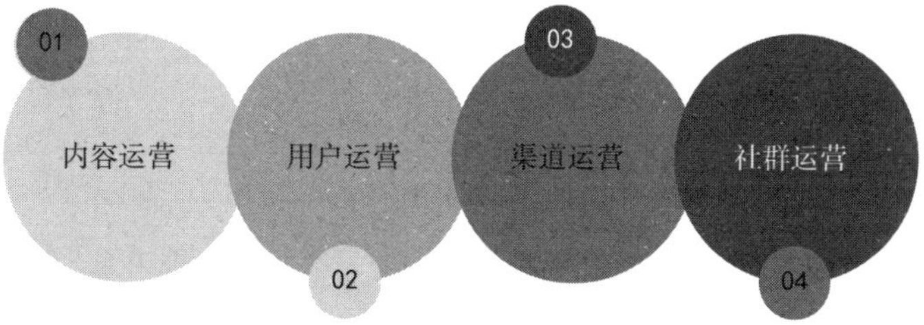


图9-3 短视频运营的4个方面

### ◆内容运营

从传统节目制作流程来看，内容运营就是内容策划、内容制作与审片。但因为短视频内容运营的目的是吸引流量、增加用户沉淀，所以内容策划与生产都要围绕这个目的进行。内容生产要与渠道运营、用户运营紧密结合，辅以大数据整理与分析，打造一个更全面、更精细的内容运营流程。

在整个过程中，内容运营人员一定要坚持以用户为中心，不能总是从专业化角度考虑问题，要适当地放弃“作者思维”。否则，生产出来的内容只能取悦自己，无法获得大众的认同。

真正优质的内容运营是在将内容策划、制作成本控制在行业中等水平以上的同时，切实提升短视频内容产品对用户的触达率、内容的点击率、用户在内容上的停留时长、用户给予内容的美誉度、用户的互动率、用户主动反馈等。

对于短视频内容产品来说，内容是核心，但真正优质的内容不是内容创作人员冥思苦想就能生产出来的，而是要结合运营策略，经过一段时间的迭代、策划才能生成。内容运营人员必须谨记一点：不能按照个人喜好生产、运营短视频内容，必须将短视频视为一个独立的互联网产品，以中立、客观的态度运营。

此外，短视频运营人员还要具备一定的审美能力、图文撰写能力，对内容有独到的见解。即便运营人员不会参与短视频内容的策划与制作，这些能力也必不可少。

短视频内容运营的目的在于吸引用户的注意力，将流量转化为真正的用户，引导用户进驻自己的全网渠道，关注自己的产品。基于此，用户运营就可以理解为与用户进行深度交互，提升用户活跃度，增强用户黏性，吸引用户长久地关注内容。

**◆用户运营**

短视频用户运营开始于短视频内容产品，之后可以通过微信、小程序、H5活动等与用户建立连接。成功的用户运营可以满足用户随时随地沟通的需求，让用户感觉自己在和真人对话。

对于短视频用户运营来说，最基础的工作就是对评论区、弹幕区进行管理，回答用户的问题，为用户提供一对一的个性化服务，从线下交流的千人一面发展为线上交流的一人千面。如果运营团队资金充裕，还可以为用户运营匹配专门的CRM系统。在该系统的支持下，企业或品牌可以以内容为基础，开展与线上使用场景更贴近的运营活动。

**◆渠道运营**

短视频渠道运营指的是与目前主流的短视频平台、短视频内容分发渠道建立合作，通过渠道反馈收集数据，为内容迭代、用户运营提供依据。

在短视频渠道运营方面，国内企业与国外企业的运营思维，采取的运营方式存在较大差异。国外企业的短视频渠道运营非常简单，只需做好You Tube等主流视频平台的运营即可，但在国内，短视频渠道运营非常复杂。因为国内的短视频平台非常多，实力相差无几，但它们的用户调性、内容定位截然不同。如果企业要生产某个细分领域的短视频内容，就要对各个短视频渠道的用户偏好进行详细研究。

为了做好渠道运营，内容运营人员要从众多渠道中挑选出几个重点渠道开展精细化运作，安排专人进行一对一的管理与维护。每个渠道都有用户反馈的信息，内容运营人员要针对不同的渠道，根据用户的具体喜好制定不同的运营方案，不能一成不变。

### ◆社群运营

在互联网环境中，仅凭一两次软文投放、广告投放、视频营销，产品与服务很难获得稳定的流量与用户。目前，很多游戏类、互联网App类产品都面临着红利期结束、线上获客难、获客贵的问题。这些产品通过运营吸引了一定的流量，还通过在细分渠道投放内容实现了精准的人群触达，但App下载量、有效用户注册数量依然不尽如人意。面对这种情况，运营人员要对流量进行分层沉淀，将真正有需求的用户聚集在一起，开展精细化运营，这个过程就是社群运营。

知识付费类产品非常适合开展社群运营。运营人员将有共同学习需求的用户组织在一起，建立一个社群，因为这些用户有共同的交流主题，且已经通过之前的流量操作成为“同学”，接下来就能通过线上视频课程或语音课程进行流量变现。

## 短视频运营人员的岗位职责

短视频运营领域经常发生这种情况：运营人员看到一些收效很好的运营方法，会不自觉地借鉴、使用，但使用之后却发现收效甚微。这是因为产品不同，适用的运营方法也不同，不能用一种成功的方法运营所有产品。

为了形成自己的核心竞争力，运营人员要找到适合自己的、效果好但难以复制的方法。当然，他人的运营方法也非常值得学习、借鉴。除了形成自己独特的运营方法之外，一名优秀的短视频运营人员还要具备案例分析能力，取彼之长补己之短，实现自我提升与发展。

无论短视频运营方案多么完美，要想落地执行，发挥出预期效果，还需依靠短视频运营人员。因此，在短视频运营人员的选择方面，企业必须考虑以下四个方面的能力，如图9–4所示。

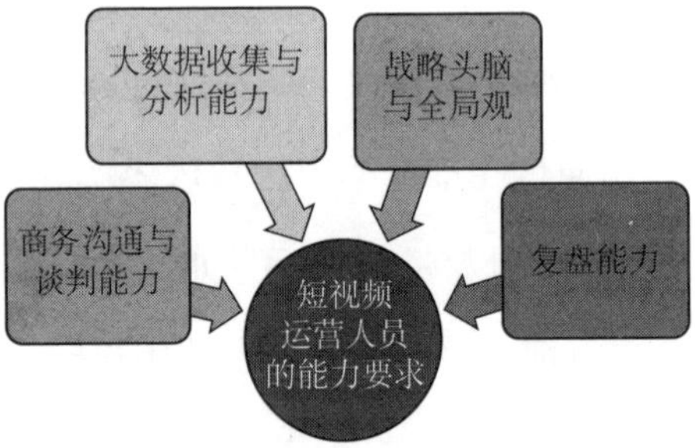


**图9–4 短视频运营人员的能力要求**

### ◆商务沟通与谈判能力

在渠道运营中，因为对外采用的是ToB模式，所以运营人员必须具备商务沟通能力与谈判合作能力。其实，从某方面看，在渠道运营过程中，短视频运营人员更像品牌商务员，代表整个短视频内容团队与渠道方谈判，需要利用自己高超的谈判能力获得渠道支持，提高渠道运营效果。

另外，在用户运营方面，有些用户可能是潜在客户。在收到潜在客户发出的商业合作请求时，运营人员的初始态度决定着接下来的合作是否顺利，能否成功。为了形成一个良好的开端，运营人员必须具备良好的沟通能力。

**◆大数据收集与分析能力**

短视频内容运营人员必须对数字敏感，可以很好地理解数字。比如，运营人员可以通过分析短视频播放量波形图发现一些规律与问题，为接下来的内容制作提供一些有价值的意见与建议，这是新媒体时代运营人员的必备素养。同时，短视频运营负责人掌握基本的数据收集与整理能力，可以带领整个运营团队向着正确的方向前进。

反之，如果短视频运营负责人非常粗心，经常将各类数据混淆，就很难通过数据处理与分析得到正确的、有价值的结论。如果运营人员根据这些结论生产内容，制定其他的运营策略，往往会取得适得其反的结果。

**◆战略头脑与全局观**

短视频运营人员必须具备一定的全局观和市场预判能力，不能只扮演执行者的角色。从某种程度上来看，在一个企业内部，一名优秀的运营人员所发挥的作用不亚于一位事业部负责人。运营人员的全局观会通过其执行项目时的思考维度反映出来，保证所有步骤与决策都不是独立存在的，相互之间存在一定联系，只有这样，短视频运营效率才能得到有效提升，预期的增长目标才能顺利实现。

### ◆复盘能力

短视频运营领域有很多成功的案例，但有些运营人员只是感叹他人的成功，没有对短视频的内在逻辑进行深入挖掘。为了从成功的运营案例中积累足够的经验，短视频运营人员要做到好复盘。要想做好复盘需要从以下几个方面进行分析、学习，如图9–5所示。

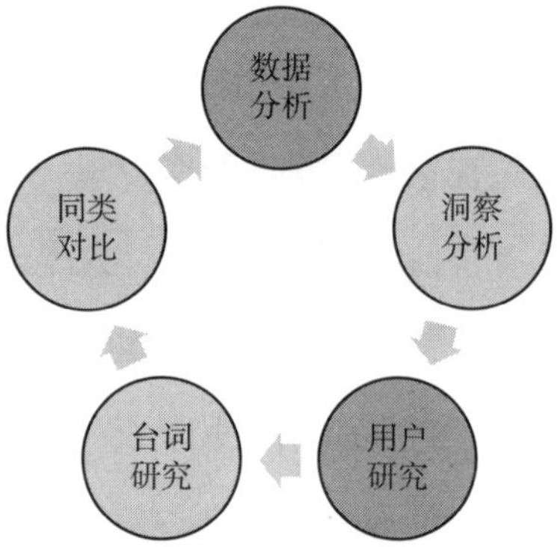


图9–5　运营复盘的实战技巧

（1）数据分析

运营人员要制作一个Excel表格将竞争对手的短视频标题、播放量、收藏量、转发量记录下来，对趋势变化进行观察，对短视频的收藏量、评论量予以特别关注。如果某个短视频的收藏量比较高，说明这个短视频比较受用户喜爱；如果某个短视频的评论量比较高，说明这个短视频的话题性比较强，今后短视频内容选题可以向这个方向靠拢。

（2）洞察分析

洞察分析要求短视频运营人员进一步对短视频进行观察，观看最热门的三个短视频，思考短视频引发了观众哪些共鸣，观众为什么会转发等，将这些思考记录下来。然后，运营人员要逐条翻看短视频的评论，验证自己的分析是否正确。通过这种方式，运营人员可以发现短视频的痛点，了解用户的喜好。

（3）用户研究

运营人员要观察其他人在看短视频时的表情变化，比如大笑、皱眉、哭泣等，并将发生表情变化的时间点记录下来，然后回放短视频，寻找相应的镜头与台词，思考这段内容引起用户表情变化的原因。通过这种方式，运营人员可以近距离地接触用户，获取用户反馈，深入了解用户，防止短视频生产与用户脱节。

（4）台词研究

运营人员要对短视频字幕进行深入研究，找到刺激用户大笑的语言特征与铺垫技巧，将其用到自己的视频中，以提升视频质量。

（5）同类对比

运营人员要经常进行横向对比与分析，也就是将同类型的优秀短视频与普通短视频放在一起进行对比，发现优秀短视频的共性，分析自己制作的短视频与这些优秀的短视频之间的差异，为接下来的短视频制作提供更多有益指导。

总而言之，为了做好短视频运营，运营人员要做到理论与实践相结合。在日常运营过程中不断学习、思考，加深对用户的了解，反复体验，通过产品运营实践激发灵感，产生新想法。同时，运营人员还要独立思考，尝试找到答案。在这些答案的引领下，运营人员可以无限靠近运营规律，在短视频运营领域取得更好的成绩，实现更好的发展。

## 短视频运营的数据指标

数据分析是做好短视频运营的必备技能，对于数据分析而言，选择合适的数据指标非常关键。短视频有很多数据指标，但运营人员的时间和精力有限，要将有限的资源投入到最重要的几个数据指标上。比如播放量、点赞量、评论量、转发量及收藏量等，如图9-6所示。

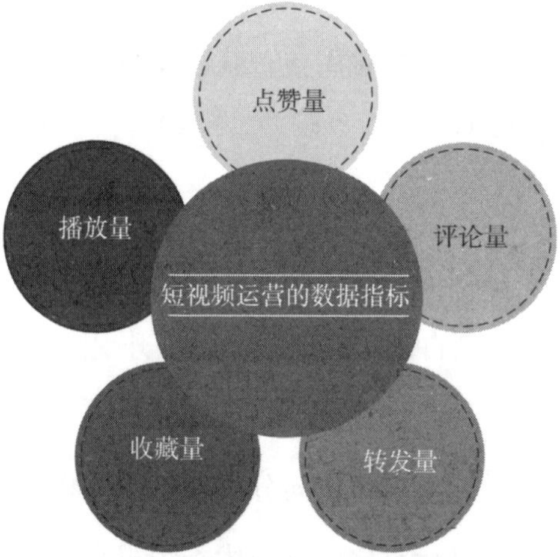


图9-6　短视频运营的数据指标

### ◆播放量

播放量是短视频数据分析最简单、最直观的数据指标之一。一个短视频质量如何，变现能力如何，很大程度上可以通过播放量来体现。播放量决定了短视频曝光量，可以让数据分析人员对短视频的观看人数有一个大概的了解。

很多品牌商和广告主选择与之合作的短视频创作者时，往往会参考短视频平均播放量，甚至会按播放量支付广告费。“一条”“二更”等头部短视频自媒体之所以有强大的变现能力，与其短视频巨大的播放量是分不开的。当然，重视播放量并不代表短视频运营要唯播放量论。播放量只能代表该视频的播放人次，播放量很高但转化效果较差的短视频也非常常见，所以，短视频创作者不应该过度关注播放量。

**◆点赞量**

点赞量可以相对客观地反映用户对视频的喜爱程度。一些短视频可能由于标题、封面图吸引人，或者平台的推广力度较大等原因获得了较高的播放量，但我们如何知道观看者对短视频的印象呢？分析点赞量就是一个非常有效的方法。通常来说，除了利益驱使外，为短视频点赞代表着用户认可短视频，否则，谁又愿意浪费时间去点赞呢？

分析短视频点赞量，对短视频运营有什么意义呢？如果短视频的点赞量较高，说明该短视频在某些方面有独到之处，获得了广大用户的认可，创作者需要找出这些优点，在下一个短视频中加以强化；如果短视频点赞量很低甚至没有点赞，说明其内容质量存在一定的问题，创作者需要找出问题，反思改进，避免在下一个短视频作品中出现类似的失误。

**◆评论量**

信息的双向流动性是新媒体的重要标志。在传统媒体时代，普通大众对传统媒体中的信息只能私下议论，导致有价值的观点与思想得不到很好的传播。但在新媒体环境下，用户可以直接在评论区留言，表达自己的观点、见解，或者给创作者提意见。评论量多的短视频会吸引更多用户观看及评论，而短视频平台也会给予更多流量支持。

与点赞行为相比，评论需要输入文字、图片，会占用更多时间与精力。所以，如果短视频的评论量较高，就更能说明用户对该短视频有较高的兴趣。当然，兴趣高不代表用户就一定认可该短视频，可能很多用户是为了反驳或批评短视频中的某个观点而留言。

因此，在分析短视频评论量时，创作者不仅要重视评论的数量，更要重视分析评论的内容，特别是对于消极负面的评论，创作者不要急于辩解甚至删评，而是应该思考是否真的存在这些问题。如果确实有问题，应该在评论下方留言表示歉意，感谢用户提出意见，并表示自己会及时改正。

### ◆转发量

在日常生活中，人们出于展现自我个性、品味，或从帮助他人中获得成就感等目的，往往会将自己认为有价值的东西分享给他人。如果短视频质量较高，观众不但会评论，而且会积极分享给身边的亲朋好友，使短视频实现裂变式传播。

同时，物以类聚，人以群分，用户在社交圈内的转发分享将会为短视频创作者带来精准用户。有了精准用户群体，短视频创作者就可以通过广告代言、内容电商等方式变现，所以，提高短视频的转发量非常关键。那么，短视频运营人员要如何提高短视频转发量呢？分析显示，高转发量的短视频往往能够帮助用户达成五大目标，即获得谈资、表达想法、帮助他人、形象塑造、赢得竞争。所以，短视频团队在制作短视频时可以有意添加一些上述内容，提高短视频的转发量。

### ◆收藏量

用户什么情况下会收藏短视频呢？其一是认为短视频内容对自己有价值，将其收藏后，可以使用其中的知识。比如喜欢分享生活小故事的用户发现某个短视频讲故事的方式特别有创意，将其收藏起来后，可以在创作生活小故事时借鉴这种方式。其二是用户粗略浏览后认为短视频对自己有价值，但现在没时间观看，为了方便在空闲时间观看该短视频，就会将其收藏起来。

虽然很多情况下用户收藏了短视频后便不再使用或观看，但这种行为已经在一定程度上说明了短视频的价值。所以，高收藏量的短视频往往也会得到品牌商与广告主的青睐。这提醒短视频创作者在创作短视频时需要引导用户积极收藏，比如在短视频结尾激励用户“收藏可参与抽奖”等。

# Part 4

# 吸粉引流：快速搭建私域流量池

第 10 章

# 用户运营：引爆粉丝的增长裂变

## 短视频用户运营的4大目标

互联网时代，在内容产品生产与运营过程中，内容消费者发挥着非常重要的作用。在具备互联网思维的内容从业者看来，内容行业的本质就是用户思维，凡是用户喜欢的内容就是优质内容。那么，短视频行业的从业者要如何做好用户运营呢？

从广义上来讲，用户运营指的是以用户为中心进行的人工干预。用户运营有四大目标，分别是拉新、留存、促活、转化，用户运营要始终围绕这4个目标进行，如图10–1所示。

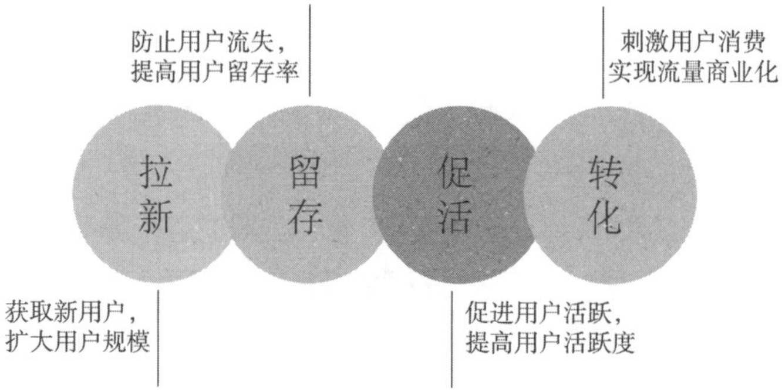


图10–1 用户运营的4大目标

**◆拉新：获取新用户，扩大用户规模**

在用户运营过程中，拉新是基础，也是永恒不变的任务。因为用户的喜好、需求在不断改变，所以需要生产新内容迎合用户。只有不断获取新用户，注入新鲜血液，才能产生新动力，构建一个良性的生态系统。

短视频创作者应该认识到“凡是抢占用户时间与精力的产品，都是其竞争对手”。人与机器、系统一样，都处在不断更新迭代状态，从“70后”到“80后”，再到“90后”，甚至“95后”与“00后”等，主流消费群体在不断变化。正是因为迭代，公司需要不断拉新。

在短视频运营初期，由于用户规模小，短视频创作者必须通过拉新扩大用户规模；在短视频运营成熟期，由于感官疲劳、消费需求变化等，老用户会逐渐流失，短视频创作者需要通过拉新来保持用户体量。虽然不同阶段的拉新策略可能有所差异，但目的都是为了获得新用户，持续扩大用户规模。

### ◆留存：防止用户流失，提高用户留存率

获取新用户之后，运营人员要为用户提供符合其需求与喜好的内容，否则用户的需求得不到满足，就会离开平台，拉新就会变得毫无意义。

从本质上看，留存可以看作用户对产品、服务满意度进行的投票。延伸到短视频用户留存领域就是，用户对短视频的满意度较高便会留存，较低便会流失。如何提高用户对短视频的满意度呢？最关键的一点就是让用户感知到短视频的价值。

为了做到这一点，短视频运营人员可以采取两种方法。其一是专注于提高短视频产品质量与体验，确保短视频真正有价值。因为只有短视频本身有价值，用户才能感受到它的价值。其二是提高用户观看短视频的频率。短视频有价值还不够，创作者还必须让用户感受到其价值。对于一个短视频账号的风格、特色，用户很难通过观看一个或几个短视频产生清晰的认知。如果用户观看短视频的频率较低，可能他们根本没有感受到该短视频账号的风格、特色，就已经流失。所以，通过优化标题、封面图、推送时间等方式提高用户观看短视频的频率非常有必要。

### ◆促活：促进用户活跃，提高用户活跃度

在用户稳定下来之后，运营人员要想方设法刺激用户活跃起来，提高用户活跃度，增强用户黏性。

用户保持活跃的前提是短视频创作者给他一个或多个观看（还包括评论、转发等）短视频的理由，这要求短视频创作者具备较强的用户思维。

比如用户缺少某种专业技能，而创作者在短视频中分享了这个技能，并为用户提供获得该技能的简单方法；用户职业获得感较低，而创作者在短视频中从新视角肯定了其职业价值，使用户受到鼓舞，激发其进取心等。如果短视频创作者能够给用户提供这种精神体验，用户就会很自然地出现观看、评论、分享、收藏等一系列活跃行为。

**◆转化：刺激用户消费，实现流量商业化**

转化是指通过广告变现、内容付费、电商营利等方式刺激用户消费，将用户转化为实际的消费者，实现盈利。

短视频运营的最终目的就是为了盈利，而转化为实现该目的提供了有效手段。随着越来越多的创业者和企业进入短视频领域，做好短视频运营变得愈发困难。创作者不仅要创作高质量的内容，保持一定的更新频率，还要做好内容推广、用户运营等，有时还要购买短视频平台的增值服务。

在这种情况下，只有完成用户转化，让用户成为消费者，短视频创作者才能长期稳定地运营短视频。同时，完成用户转化后，创作者也有更多的资金与动力为用户持续提供优质产品与服务，从而实现良性循环。

在短视频行业，内容产品的用户运营都可以围绕这四大目标进行。其中，用户规模是商业化的基础；拉新、留存是为了扩大用户规模；促活是为了提高用户活跃度，与用户建立信任关系，增强用户黏性；用户与内容之间的信任关系是转化的源动力。

## 萌芽期：高效获取种子用户

短视频用户运营要始终围绕上述四个目标进行，但随着短视频产品不断更迭，进入不同的发展阶段，用户运营的侧重点也要有所变化。比如，在0～1阶段，运营工作的重心要放在拉新方面。但随着用户规模不断壮大，运营工作的重心就要转移到促活、转化方面。根据短视频内容的生命周期，用户运营工作可划分为三个阶段：萌芽期、成长期、成熟期。

下面我们首先对产品萌芽时期的用户运营进行分析。

在短视频产品萌芽阶段，运营工作的侧重点要放在“拉新”方面，培养一批种子用户。在这个过程中，运营人员有三项重要任务：一是寻找潜在的目标用户，二是对目标用户进行筛选，三是提高用户的忠诚度，培养忠实用户。具体来看，运营人员可采用以下方法做好拉新，如图10-2所示。

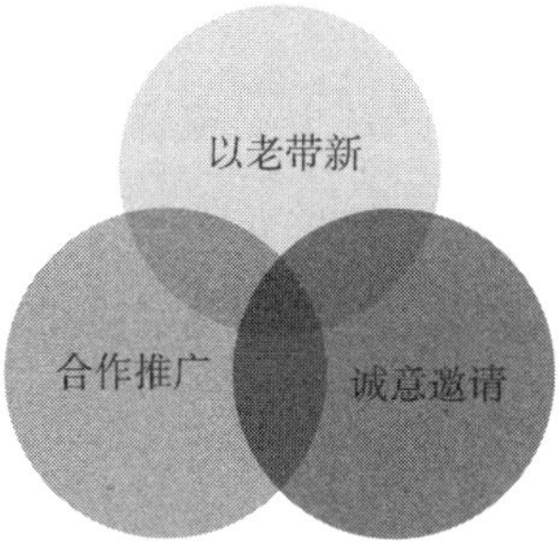


图10-2 产品萌芽期的拉新策略

### ◆以老带新

在产品萌芽期，以老带新是最容易获取新用户的一种方式。以老带新的意思就是利用已有的积累了大量粉丝的账号协助推广，将用户引流到新账号，帮助新账号积累一批种子用户。

此处分享几种常见的以老带新的玩法，如图10-3所示。

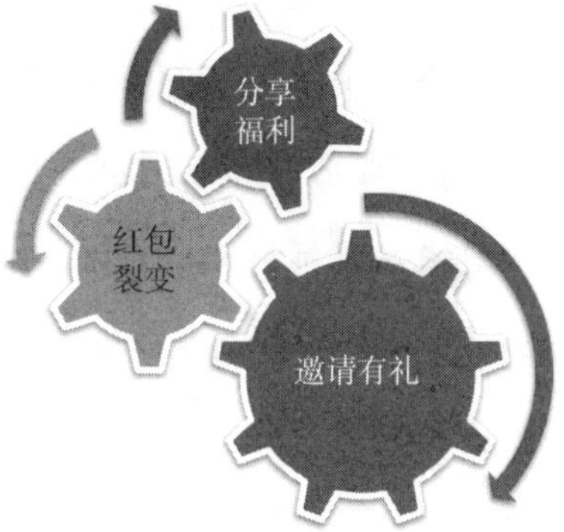


图10-3　以老带新的三种玩法

● 邀请有礼：老用户邀请新用户关注后，新老用户都能获得奖励，比如赠送创意小礼物、参与抽奖活动等。为什么要同时奖励新老用户呢？这是因为只奖励老用户会让老用户产生心理负担，担心被新用户知道自己是为了某种利益向他分享，而同时奖励新老用户可以有效解决这一问题。当然，为了控制成本，可降低新用户获得的奖励的价值。

● 红包裂变：短视频创作者向老用户发红包，然后老用户将其分享到社群后，就可参与抢红包。红包可以设置领取人数，老用户不能一人拿走所有红包，同时，红包数额随机，有一定的不确定性，增加了抢红包的趣味性。

● 分享福利：比如短视频创作者创作了一些付费才能观看的高质量内容，老用户将其推荐给新用户，新用户关注后，老用户便可免费观看一定数量的付费内容。

### ◆诚意邀请

事实上，知乎、bilibili、Facebook等平台在早期发展阶段都是通过邀请制来积累高价值用户的，其玩法是设置较高的注册门槛，虽然限制了用户规模，但这帮助他们快速积累了一批种子用户，为此后的快速扩张奠定了良好的基础。

短视频用户运营也可以借鉴这种模式，具体玩法是短视频创作者向目标用户发出邀请，用真诚打动他们。当然，诚意邀请也可以提供一些奖励，比如独特的粉丝标识、精心准备的小礼物等。

诚意邀请的目标用户不宜过多，否则，不但会增加成本，还会降低邀请效果。当短视频创作者邀请的人数较少时，被邀请者会感到荣幸，反之则不会产生这种感觉。

### ◆合作推广

短视频创作者可以与其他个体或组织合作进行推广，为自身积累更多用户，完成萌芽期的拉新。短视频创作者做好合作推广的关键在于，确保合作对象的用户和自身用户有较高的重合度，这样才能为自己吸引到有价值的用户，否则不但不会产生预期效果，还会导致现有用户流失。比如一个做母婴的短视频通过和一个美妆类短视频合作获得了一定数量的新粉丝，但这些新粉丝在社群内交流分享的是美妆类内容，而原有用户主要分享的是母婴类内容，从而引发了两类用户之间的矛盾冲突，导致大量用户流失。

在拉新过程中，伴随着新用户源源不断地进入，会有一部分用户流出，这个过程就是用户筛选。因为不是所有的目标用户都会对这个阶段提供的内容感到满意，不满意的用户会自然流失，留下来的用户就是与账号内容匹配的用户。

至于如何为这部分用户提供符合其需求的内容，最有效的方法就是利用数据工具为用户画像，如果用户画像与预想的情况相符，就说明账号为用户提供的内容与用户需求达到了高度匹配，内容方向可以确定下来。如果用户画像与预想的情况不一致，就说明内容方向需要调整，或者进行新一轮拉新。用户筛选、匹配完成之后，下一步就是突出自己的差异化优势，形成口碑，培养高忠诚度的用户。

## 成长期：提升用户的活跃度

在短视频产品成长阶段，用户运营的目标在于解决增长模式与用户活跃度问题，具体运营内容包括拓宽用户增长渠道、提高用户活跃度、严格把控内容质量。

在拓宽用户增长渠道方面，运营人员可以采用两种方法：一是增加内容分发渠道，覆盖更多潜在用户，提高影响力；二是构建内容矩阵，使各个账号相互辐射，创建科学的用户增长机制。

对于处在成长期的短视频产品来说，要想提高用户留存率，做好内容质量管控是关键。只有严格把控内容质量，做好数据反馈，根据数据反馈优化内容，才能源源不断地产出优质内容。另外，这个阶段的短视频产品还要想方设法提高用户活跃度，用户的活跃度越高，黏性越强，就越容易转化成真正的消费者。具体来看，在这一阶段，运营人员可采用以下几种方法。

### ◆在内容中设置讨论话题

运营人员可以在短视频内容中设置一些可以引发讨论的话题，增加互动环节，增进与用户的交流，加深用户对内容的印象。另外，话题本身也是内容的一部分，如果话题设置得当，还可以为内容添彩。为保证话题设置的有效性，短视频创作者必须做到以下几点，如图10–4所示。

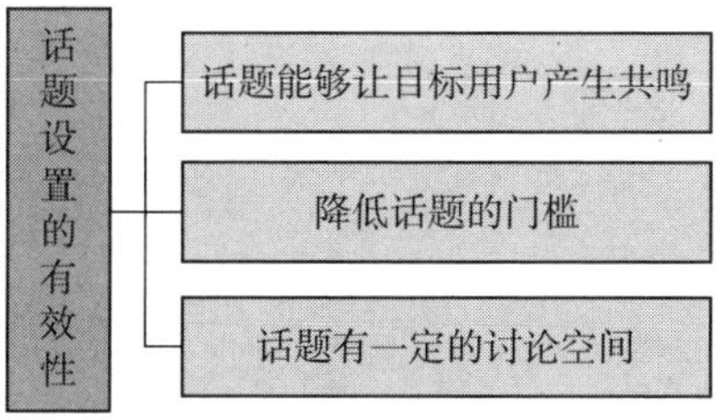


**图10–4 话题设置的有效性**

- 话题能够让目标用户产生共鸣。比如定位为职场吐槽的短视频可以设置“说说你的公司都有哪些不人性的槽点”“一句话让上司冷静”“你有过哪些不愉快的客户沟通体验”“你觉得工作的哪些方面最让人讨厌”等。
- 降低话题的门槛。参与专业的话题讨论，对普通大众是负担而非享受，就算他们想要发言但奈何没有足够的知识储备，与其发表不成熟的言论被嘲笑，倒不如不参与讨论。而低门槛的话题就不会出现这种问题，比如“童年的囧事”“最想吃的食物”等话题，每个人都能给出有说服力的答案。
- 话题有一定的讨论空间。只有具备讨论空间的话题才有可能引发用户讨论，封闭性的话题是没有意义的，比如“老师应不应该用暴力手段教育学生”，其答案就是“不应该”，这种问题很难引发用户讨论。

### ◆定期策划运营活动

国庆节、春节等节日以及周年纪念日等都是重要的时间节点，利用这些节日开展短视频运营，提高用户的活跃度，形成二次传播，完成新一轮拉新，可以取得很好的效果。

在用户运营中，策划运营活动是提升用户活跃度的最简单有效的方法之一。那么要怎么做好运营活动策划呢？一般来说，运营活动策划包括以下六个步骤，如图10–5所示。

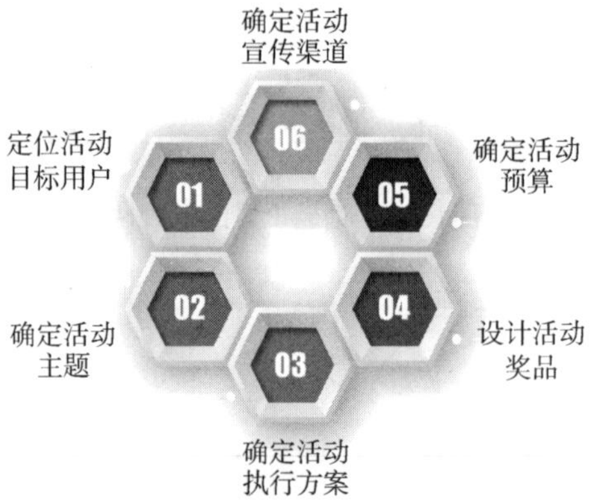


图10–5　活动策划的六大步骤

● 定位活动目标用户。同一个短视频的用户可能存在一定差异，由于这些差异导致他们可能无法全部参加活动。所以，在策划运营活动前，短视频创作者需要做好活动目标用户定位。

● 确定活动主题。只有选择合适的活动主题，才能吸引目标用户参与。

● 确定活动执行方案。想要确保活动真正落地，并取得预期效果，设计科学合理的活动执行方案是很有必要的。

● 设计活动奖品。用户参加活动要付出一定的时间与精力，为其提供一定的奖品可以有效提高他们参与活动的积极性。

● 确定活动预算。确定活动预算有助于进行活动成本控制，避免造成严重资源浪费。

● 确定活动宣传渠道。活动宣传渠道非常多元化，全网传播成本过高，不适合资金短缺的短视频创作者，有针对性地选择宣传效果较好的渠道是更为明智的选择。

### ◆社群促活

将用户引流到社交平台沉淀下来，通过社群促活可以很好地提高用户的活跃度。除此之外，社群促活还能收集用户意见与建议，为接下来的短视频制作提供指导。

对于处在成长期的短视频产品来说，机遇与挑战并存。短视频内容产品能否在市场中脱颖而出，很大程度上取决于这个阶段的运营效果。常见的社群促活方法主要有内容分享、签到打卡、征集活动三种，如图10–6所示。

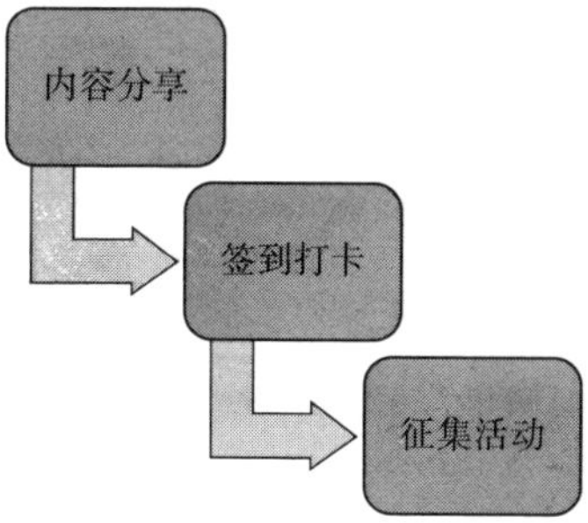


图10–6 社群促活的三种方法

- 内容分享。比如每周设计2个主题，邀请行业达人进行分享，并设置问答环节，为社群成员解答各种问题，之后引导社群成员分享感悟，并评选出有独到见解的文章给予奖励。这种方式能够让社群成员获得“集体学习、共同进步”的感觉。同时，定期的交流分享能够让社群成员获得认同感、归属感。

- 签到打卡。比如知识类社群通过签到打卡，让社群成员相互监督是否每天完成阅读量；还可以让社群成员在每晚8点前分享2段自己当天读书的短视频，然后大家一起交流读书感悟。这既能增加社群的活跃度，又能增进社群成员之间的信任，推动社群长期稳定发展。

- 征集活动。比如通过举办征集创意、征集LOGO、征集广告语、征集吉祥物、征集好物等活动，为社群成员表达观点、展示才艺等提供有效渠道。同时，充分利用集体智慧做好短视频运营，实现了短视频创作者与用户的合作共赢。

## 成熟期：实现内容的商业化

在成熟期，短视频产品用户运营的主要任务就是将用户转化为最终消费者，及时收集用户对商业化行为的反应，不要在尚未取得用户信任的情况下频繁开展商业化行为，以免引发用户反感，使用户产生排斥心理。那么，运营人员要如何收集用户对商业化行为的反应呢？以广告植入为例，通过在内容中植入广告，运营人员可通过评论、弹幕内容收集用户对商业化行为的反应，对用户对商业化内容的接受程度进行判断。

内容变现是短视频用户运营的终极目标。随着短视频平台间的竞争愈发激烈，越来越多的短视频运营人员开始思考，未来如何成功生存下来？

有哪些前景较好的变现路径？哪些领域的短视频变现能力较强等。

短视频的流量变现主要通过流量路径与IP路径展开，目前，绝大部分的短视频变现走的是流量路径。因为短视频IP化比较困难，绝大部分短视频创作者不具备打造IP的能力。

在公司完成B+ 轮融资时，“一条”创始人徐沪生曾接受媒体采访，他表示：“从底层逻辑来说‘一条’做的其实还是流量的生意，通过内容获取大量流量，引流到广告、电商。”那么，在用户运营成熟期，短视频创作者应该如何做好内容变现呢？从诸多实践案例来看，短视频创作者必须做好以下几点，如图10–7所示。

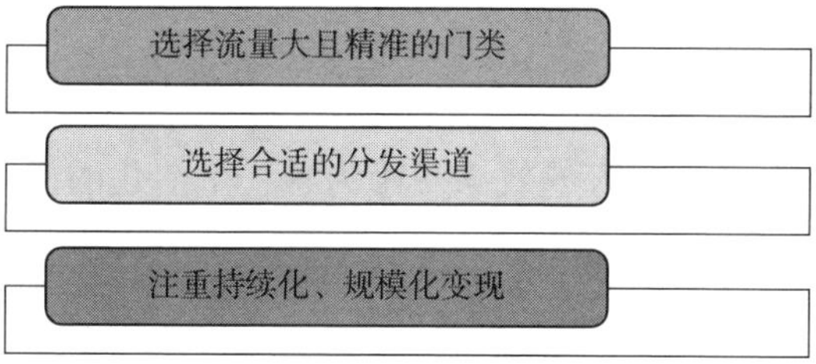


图10–7 内容变现的主要策略

### ◆选择流量大且精准的门类

流量大而且精准的门类有什么优势呢？最核心也是最关键的优势是便于创建商业模式。目前，短视频门类主要有娱乐类、生活类、科技类、财经类、体育类、汽车类、文化类、游戏类等。哪些门类符合流量大且精准的特征呢？答案是能够做独立期刊杂志和电视台的门类，这种门类背后往往存在强大的品牌商和广告主，或者是受众群体消费能力强，财经、美食、旅游是其中的典型代表。

有些短视频创作者可能疑惑难道娱乐类不属于该门类吗？从流量方面看，娱乐类短视频确实有非常庞大的流量，但它却缺乏精准性，毕竟所有类型的用户都可能是娱乐内容的受众。

### ◆选择合适的分发渠道

短视频的分发渠道包括微博、微信等社交媒体，今日头条等短视频综合平台，以及优酷、爱奇艺等视频网站。不同的分发渠道有不同的特征，适合的内容也存在一定的差异。

比如5～10分钟的宣传片类短视频适合投放到视频网站，因为这类平台上的用户能够接受时长相对较长的短视频，如果是在节奏较快的抖音与快手上，可能很多用户根本没有耐心看完；而健身类短视频推送到微信、微博等社交媒体上会有更好的效果，因为这种生活化的内容在社交媒体上更容易实现裂变式传播。

### ◆注重持续化、规模化变现

在持续变现方面，真格基金投资达人的标准可总结为CIA，其中，C是内容（content），它要求达人可以持续生产优质内容；I是互动（interaction），它要求达人可以与用户进行深层次的互动交流；A是广告（advertisement），它要求达人可以实现广告的精准推送。短视频变现也是如此，短视频创作者应该强调细水长流，不能仅看到眼前的蝇头小利。

在规模化变现方面，规模化变现源自于规模化运营，当短视频处于规模化运营状态时，各生产要素（内容、流量、资金等）实现了最优组合与有效运行，能够取得最佳的经济收益，对创作者和用户都非常有利。

第 11 章

# 涨粉攻略：引爆粉丝的增长裂变

## 留言评论：拉近粉丝的距离

短视频要想快速吸引粉丝，除了持续稳定地输出优质内容之外，还可以使用一些小技巧引导用户留言评论。比如在短视频结尾提一个问题让观众回答，获得较高的评论量。有时候，评论比短视频更有趣、更吸引人。就像有些B站粉丝观看视频不是为了看视频，而是为了看弹幕一样。那么，短视频创作者如何通过评论吸引粉丝呢？下面我们来进行简单分析，如图11-1所示。

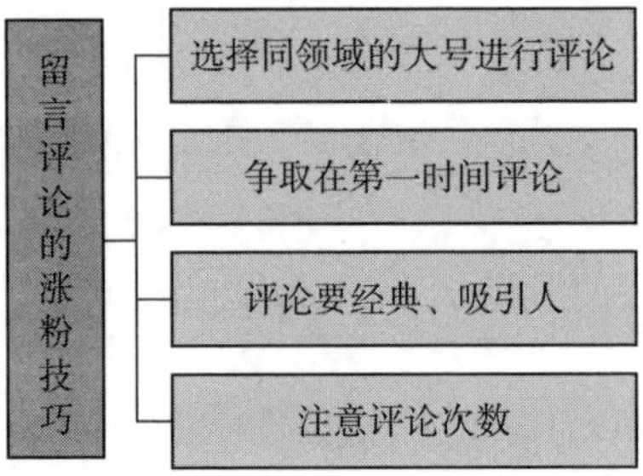


图11-1　留言评论的涨粉技巧

### ◆选择同领域的大号进行评论

大号指的是粉丝数量多、流量大的账号。在刚入行还没有积累多少粉丝时，内容创作者可以找到同一领域的大号，观看视频，留言评论。如果留言独具特色，就会引起大号粉丝与其他用户的注意，甚至会获得点赞、回复与关注，这样就达到了吸引流量、增长粉丝的目的。至于同类型的小号，因为他们所占的权重比较小，即便有非常精彩的评论也很难被更多用户看到，所以可以忽略不做评论。

### ◆争取在第一时间评论

短视频创作者在找到同领域的大号之后要点击关注，看到大号发布视频后要在第一时间评论，尽量在评论区占据前几位，让自己的评论内容被更多人看到，借此提高吸粉效果。如果评论太晚，评论内容就会被其他人的评论覆盖，无论内容多么精彩也很难被看到。

### ◆评论要经典、吸引人

在大号评论区留言评论的目的在于引起大号粉丝及其他用户的注

意，吸引这些用户关注自己，所以评论内容切忌千篇一律，比如“说的太对了”“好喜欢你”“为你点赞”等，这种毫无新意的评论只能为大号增加评论量，根本无法为自己增长粉丝。为了防止此类情况发生，短视频创作者在大号评论区的留言必须幽默风趣、见解独到、有个性，可以是奇思妙想，可以化用前人的名言警句，也可以改编一些影视金句，比如“别等了，你的意中人不会来了，他是个‘盖世垃圾’，整天上网吃鸡”等。这就需要内容创作者多积累，加入自己的观点，体现自己的思想，切忌照搬照抄，只有这样才能收获一批属于自己的铁杆粉丝。

#### ◆注意评论次数

在大号评论区留言评论不是越多越好，同一个视频评论一次即可，而且不同的视频要写不同的评论，评论中不能带有低俗词、广告词，评论语要与视频内容相关，不能信口胡说，以免引起大号粉丝的反感，得不偿失。

### 设计话术：提升涨粉效率

美国公认的销售天王金克拉曾经说过：“话术的确很重要，它可以使事情改变，可以使客户自己说服自己。”在销售中如此，在短视频吸粉引流中也是如此。短视频创作者在关注内容的同时，也要精心设计引流话术，消除引流障碍，降低引流难度，让粉丝心甘情愿地点击关注。

一般来讲，短视频账号引流话术的适用场景主要有以下几种：

- 个人页面的个性签名、标签可使用引流话术。
- 回复粉丝评论与私信可使用引流话术。
- 个人小号在大号评论区留言评论可使用引流话术。
- 评论他人的作品可使用引流话术。

短视频创作者在设计引流话术时必须考虑周全，注意以下两个细节：

**◆个人资料的包装**

话术引流不仅可以使用文字，个人账号的包装也可以起到引流效果。首先，要想吸引更多粉丝关注，头像必须使用账号主人真实的照片，个人资料要尽量丰富；其次，引流使用的账号名越短越好，最好是六位纯字母账号。如果账号名过于复杂，会使人望而却步。

**◆引流话术的设计**

短视频的引流话术要尽量委婉，切忌使用硬广告，尤其是在其他账号评论区留言时使用的话术，切忌出现广告词。比如“想学习拍摄技巧吗？加我账号私聊吧，账号是×××”，这类话术一定不能出现在给其他账号的留言评论中。

当然，如果是在评论区看到粉丝有明确的购买意向，比如粉丝问：“请问这件产品在哪里可以买到？”“这套教程在哪里可以学习？”短视频创作者可以适当地使用一些含有硬广告的话术进行回复，比如“这款产品不错，是我自己在使用的，关注账号有优惠，想要的话加我账号吧，账号是×××。”

因为现在抖音等短视频平台对带有营销性质的话语审核越来越严苛，所以引流话术最好不要涉及广告词，不要显露出明显的营销意图，只要引导用户关注自己，成为自己的粉丝即可。至于粉丝转化、流量变现，可以慢慢实现。

## 直播互动：增强粉丝黏性

众所周知，过去，直播与短视频分属两个不同的阵营，在直播领域，虎牙率先在美国上市，映客紧随其后登录港交所，斗鱼也一直处在筹备上市阶段；在短视频领域，经过一轮角逐，抖音、快手遥遥领先，火山小视频、西瓜视频、秒拍、美拍等紧随其后。

但目前，无论是短视频平台，还是直播平台，引流能力几乎触顶，要想在现有流量环境下实现突破式发展，必须探寻多元化的发展路径。在这种情况下，直播平台希望从短视频平台引流，短视频平台也希望通过直播涨粉。于是，虎牙、抖音等直播平台加快了在短视频领域的布局，抖音、快手等短视频平台也纷纷推出了直播业务。

对于短视频平台来说，虽然短视频在抢占用户碎片化时间方面有很大的优势，但无法与用户直接互动，很难与用户建立更加亲密的联系，内容输出一旦中断，或者内容质量有所下降，就会流失一大批粉丝。而直播的互动性非常强，主播可以与粉丝在线交流，了解粉丝的需求，听取粉丝的意见，进而拉近与粉丝的距离，增强粉丝的黏性。

基于此，在抖音、快手等短视频平台上线直播功能后，很多账号都开通了直播，希望通过直播带给用户更多更新鲜的内容，壮大自己的粉丝团队。那么，通过直播引流吸粉需要注意什么呢？下面我们来进行简单分析，如图11–2所示。

**图11–2　直播涨粉的实战技巧**

（1）定位清晰

定位非常重要，如果定位没有特色，很容易被用户忽略。如果已经在平台注册了短视频账号，那么直播定位必须与短视频定位保持一致。同时，直播定位必须精细，确定一个方向不断深挖。如果是穿搭达人，就围绕穿搭这个主题进行直播，不断展现创意穿搭，带给用户新的穿搭灵感，实现粉丝的持续积累。

（2）精心策划直播内容

为吸引用户，主播必须精心准备内容，围绕自己的定位细分出子类目，拟定内容大纲，整个直播过程要围绕内容大纲进行。因为直播的目的是吸引粉丝，所以在直播过程中，主播也要与用户频繁互动，引导用户点击关注成为粉丝。

（3）准备吸粉道具

因为直播不方便上传二维码，所以内容团队可以提前准备一个道具，将二维码或者账户名写在道具上，邀请用户添加、关注。

在短视频与直播不断融合的当下，短视频账户完全可以通过直播获取高质量的粉丝，使自己的粉丝队伍不断壮大。

## 发放福利：挖掘粉丝需求

对于短视频运营来说，用福利吸引粉丝是最直接有效的吸粉方式。但不是所有的福利都能达到吸粉效果。如果一个专注穿搭的短视频账号在视频结尾发布了一个免费领取计算机编程课程的福利，应该很难取得预期效果。因为该账号的目标用户群多为时尚爱漂亮的女性，而计算机编程课程的用户多为计算机行业的男性，两者大相径庭。由此可见，短视频通过发放福利吸引粉丝需要掌握一定的技巧才能取得事半功倍的效果。

### ◆确定人群类型

有些短视频账户为了吸引粉丝，会面向各种人群进行推广。其实，这种方式并不会产生很好的效果。比如，某生活类短视频账号要通过发放家居用品优惠券来吸引粉丝，如果不确定人群类型乱发一气，可能收到优惠券的都是单身男生，根本不做家务，那此次的福利活动就无法取得预期效果。所以，在发放福利之前，短视频账号必须先明确目标群体，做好定位。

### ◆选择福利的种类

确定目标群体之后，短视频账号要思考发放何种福利。福利的种类有很多，可以是有形的商品，比如口红、零食、纸巾、包、袜子、梳子等，也可以是无形的商品，比如课程、教程等，还可以是现金红包，不同类型的福利会吸引到不同类型的粉丝。

比如，口红可以吸引到爱漂亮的女生；美食课程会吸引到爱生活的女性或者家庭主妇；电竞产品会吸引到喜欢打游戏的男生、女生等。短视频账号要根据自己的定位以及想要吸引的粉丝类型决定发放什么类型的福利。

**◆如何精准涨粉**

短视频账户面向大众发放福利能够吸引不少粉丝，但这些粉丝不是精准粉丝，更不是忠诚粉丝。为了实现精准涨粉，短视频账户必须增进与粉丝的交流互动，不断挖掘粉丝的需求，将其转化为精准粉丝。

对于很多用户来说，在观看短视频的过程中领取福利是一种非常新奇的体验，即便这个福利的价值非常小，也会让用户产生极大的满足感。就像在微信群抢红包一样，即便只能抢到几分钱，用户也十分开心。所以，为了吸引到更多粉丝，短视频账号不妨在短视频结尾设置一些小福利，即便要为此投入一些资金也非常值得。

## 设置悬念：引导粉丝关注

制造悬念就是给消费者设计一个谜题，在谜题解开之前，消费者总是表现得兴致勃勃。此时，他们的注意力一定在产品及介绍产品的人身上，因为他们渴望通过观察产品或听讲解发现一些端倪，找到谜题背后的答案。

虽然短视频设置悬念可以吸引粉丝，但悬念设置必须巧妙，不能生搬硬套或故弄玄虚。结局既要出人意料，又要在情理之中，只有这样才能真正让受众叹服，让他从一名普通游客转变为你的忠实粉丝。那么，短视频怎样设置悬念才能达到吸引粉丝的目的呢？下面我们来具体分析，如图11-3所示。

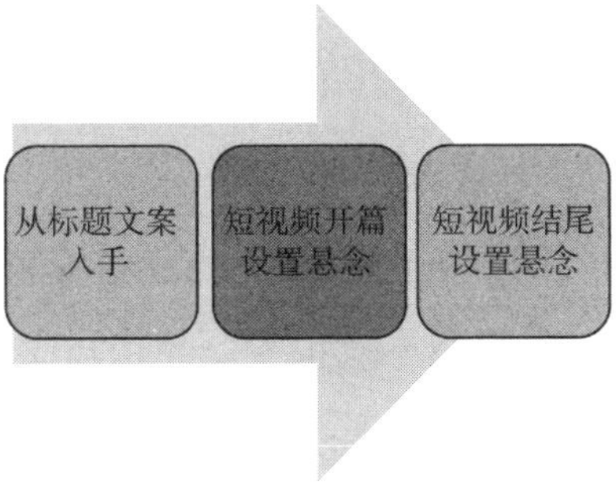


**图11-3 设置悬念的涨粉技巧**

### ◆从标题文案入手

如果短视频有一个醒目的标题就能吸引很多用户点击观看。构思短视频标题时，很多短视频创作者都会利用用户的猎奇心理，在标题中设置悬念，激发用户的好奇心，让用户不由自主地想点开视频一探究竟。

比如，某短视频要推广一款水杯，如果短视频创作者设置的标题为“这个水杯真漂亮”，极有可能被用户忽略。如果短视频标题设置为“你觉得这只是一只水杯吗？”充满疑问的语句可以瞬间激发用户的好奇心，用户会带着“不是水杯还是什么”的疑问点击观看。这样一来，这条短视频的播放量就有了很大的提升，账号本身也能收获不少粉丝。

### ◆短视频开篇设置悬念

设置悬念以后要解开悬念，这样故事才完整。而短视频的时长非常短，所以要想将故事完整地呈现，最好的方式是在短视频开头设置悬念。短视频开头设置悬念的方法有很多。

比如，利用人与摄像机的视域差异设置悬念，短视频开始，摄像头聚焦局部，将受众的注意力全部吸引到这个位置，让人们不由自主地想要探究这个部分与周围事物或环境之间的关系。

再比如，利用人的非常态行为设置悬念，短视频一开始，就有一个男扮女装的人出现在镜头前，这个画面会引起用户一连串思考，这个人是谁？为什么要男扮女装？他要做什么？这些问题都会吸引用户继续观看，提高视频的完播率。

### ◆短视频结尾设置悬念

短视频创作者为了吸引用户关注账号，培养用户观看短视频的习惯，可以策划一个系列短视频，在每一集的结尾设置一个悬念，吸引用户持续关注。

比如，在双十一前夕，某短视频账号准备为用户展示一个最划算的购物清单，但在第一集视频中，这个清单只显露出一小部分内容，让观看者非常激动，想要看到完整的清单。就在这时，短视频留下了一句话“想看到更多更划算的双十一购物清单吗？点击关注，我们下集继续！”看到这里，我想很少有人会不点击关注吧！

短视频设置悬念吸引粉丝必须注意一点，设置悬念之后必须解开悬念，不能让用户看完之后不知所云，这样不仅无法吸引粉丝，甚至还会引起用户的反感。

## KOL合作：名人效应转化

随着短视频平台的用户越来越多，一些企业为了推广自己的品牌，选择短视频平台入驻，开通账号，发布短视频。为了吸引粉丝，企业会与自带流量的明星合作，将明星粉丝转化为自己的粉丝。但与明星合作的成本非常高，明星的粉丝数量越多、影响力越高，报价也就越高，超出了很多中小企业的预算。面对这种情况，一些企业退而求其次，与业内知名的KOL合作，用可承受的成本换取理想的粉丝数量，取得了不错的效果。

以半亩花田为例，从2018年10月开始，半亩花田有3个爆款产品在抖音平台高频次、有节奏地出现，KOL主动提及半亩花田品牌名的短视频有400余条。于是，在2019年“6·18”期间，这个鲜为人知的国货品牌强势崛起，成为美妆品类的一匹黑马，其明星产品乳木果身体乳磨砂膏累计售出52万罐，抖音账号粉丝量超过84万。如此显著的成绩在很大程度上得益于半亩花田KOL投放的成功。

其实，相较于明星来说，KOL有很多独特的优点：第一，大部分KOL都是从普通人慢慢成长起来的，深知生活的不易，会非常珍惜与品牌合作的机会，会努力帮品牌吸引粉丝；第二，KOL成长于短视频平台，非常熟悉短视频平台的运营规则，创造了开箱、测评、实验等多种玩法，凭借个人魅力吸引了一大批高忠诚度的粉丝。

企业与KOL合作可以实现共赢，但前提是企业必须找到适合自己的

KOL。目前，短视频平台上的KOL有很多，他们分属不同的领域，有自己独特的个性与粉丝群体，究竟哪些KOL才能帮助自己获取更多粉丝，需要企业自行判断。为了选到适合自己的KOL，企业必须考虑以下三个问题，如图11-4所示。

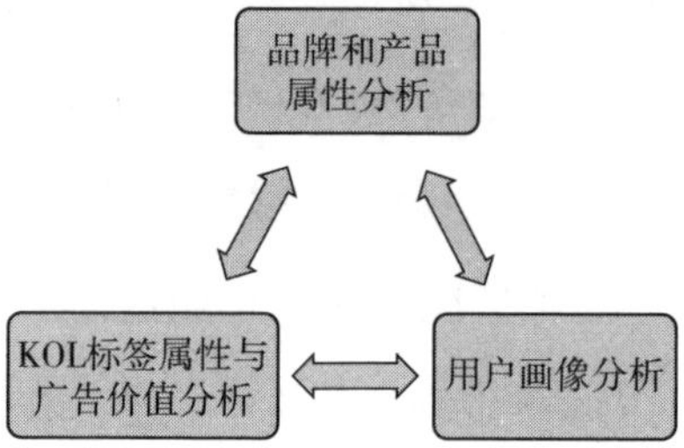


图11-4 KOL合作需要考虑的问题

### ◆品牌和产品属性分析

只有合适的才是最好的，所以，在选择KOL时，企业无须一味地寻找粉丝基数最大、影响力最高的KOL，而是要对品牌调性与产品属性进行分析，根据分析结果寻找与品牌调性最契合的KOL。比如，美妆企业要寻找美妆类的KOL，其粉丝必须是爱美的女性群体，不能寻找健身类的KOL，因为他们的粉丝男性居多。

### ◆用户画像分析

用户画像可以帮品牌准确定位目标用户群体，明确目标用户群体的需求，然后通过对KOL的属性进行分析，找到目标用户群体与KOL粉丝群体重合度较高的KOL，只有与这类KOL合作才能为企业吸引更多粉丝。

### ◆KOL标签属性与广告价值分析

在明确了品牌与产品的调性，了解了目标用户群体的特征之后，企业就要利用大数据模型，选择可量化的指标对KOL的广告价值进行分析，其中，关键性的指标包括粉丝数、阅读数、转发/收藏数、点赞数和评论数等。企业可以根据这些指标的权重对KOL的广告价值进行计算，得分越高说明KOL的投放价值越大。

总而言之，对于企业账户、品牌账户来说，选择与KOL合作吸引粉丝是一种不错的方法，但KOL的选择不能盲目，应通过缜密的分析与计算选到最合适的KOL，保证吸粉效果。

## 巧借热点：抢夺用户注意力

热点向来是人们关注的焦点，在注意力稀缺的背景下，学会借助热点吸引用户关注，是短视频创作者必须掌握的一项核心技能。

借助热点进行推广不仅可以节省运营成本，还能提高打造爆款内容的概率。尤其是借助官方推出的热门话题开展运营活动，可以使内容曝光率得以大幅提升，再加上平台算法推荐机制的支持，只要抓住机会，借助热点完成原始的流量积累并不困难。

在分析如何利用热点抓住用户注意力之前，我们首先需要对热点有一个全面系统的认识。

**◆什么是热点?**

热点可分为常规热点、突发热点、预判热点三类，如图11-5所示。

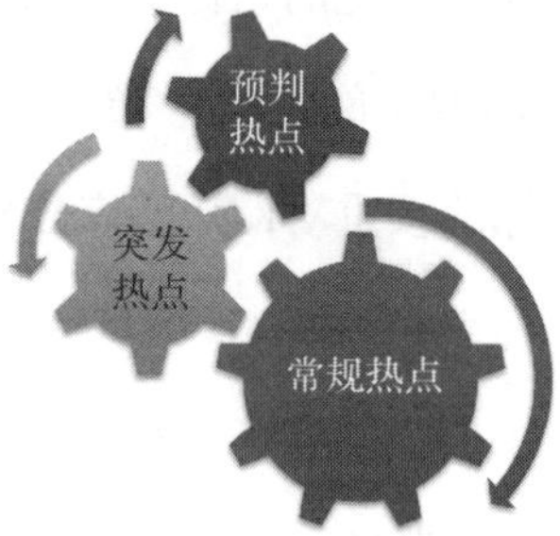


**图11-5　热点话题的主要类型**

（1）常规热点

常规热点是指一些可预见的、有一定规律的热点，比如中秋节、端午节、国庆节、春节等节假日；世锦赛、世界杯、奥运会等赛事。借势这类热点时，短视频创作者需要在热点来临前做好内容，然后在热点来临后投放即可。

（2）突发热点

突发热点是指那些难以预见的突发性事件热点。由于这类热点有较高的不确定性，短视频创作者想要提前做准备几乎不可能，需要在热点发生时快速反应，完成内容的策划、生产、投放、传播等。

（3）预判热点

预判热点不像常规热点一样定期出现，也不像突发热点一般毫无规律，它们符合一定的逻辑，如果短视频创作者善于发现，往往能够成功抓住这一热点。

**【满钇财务小剧场】巧借热点的短视频**

满钇财务在情人节期间制作了一则短视频，如图11-6所示。

| 满钇财务短视频内容设计 |
| --- |
| 王总一个人在办公室预演情人节当天与女友约会的情景，一位女员工抱着一堆文件突然闯入，看到这个情景结结巴巴地问道："王，王，王总，您干吗呢？"<br>王总转身解释道："没有啊，这不是明天七夕节嘛？正在练习……怎么约会嘛？"一边说，一边从办公桌上放置的花束中拿出一枝花。<br>女员工低头说道："哦，那这边有个签单，我让他明天再来吧！"<br>王总瞬间变得严肃起来："啊？约什么会！"说着就把手里的花丢掉，一把接过文件夹，果断地安排道："你帮我晚上联系客户，晚上签单！"<br>王总对情人节约会的幻想和360度大反转的结局为这则短视频赋予了很多笑点，其结果正如短视频创作者预想的那样，评论中出现了很多欢声笑语，有简单的"哈哈哈哈"，也有"单身狗"对情人节"约会不如加班工作"的共鸣 |

图11-6 满钇财务小剧场

在众多热点中，情人节属于常规热点，主题、内容、情节都可以提前规划。满钇财务的这条短视频以戏谑的方式道出了财务人员的辛酸，无论何时，只要客户需要，财务人员一定会出现，这也体现了满钇财务"随时准备为客户服务"的宗旨。同时，在这条短视频中，"满钇财务"四个字始终在屏幕的左上角，在不知不觉中给观众留下了深刻印象。

### ◆怎么正确地追热点呢?

（1）学会思考

对于热点，短视频创作者不能盲目借势，首先应分析能否借势，如果可以借势再分析如何正确借势。如上述案例中情人节这个热点，作为一个大众化的节日，各行各业都能和它产生联系，财务行业也是如此。基于此，满钇财务策划了这则带着反转笑料的短视频，收效甚佳。

（2）结合账号定位

有些热点不符合账号定位，借势这种热点只会给短视频创作者带来负面作用。所以，当短视频创作者发现自己找不到合适的切入点时应果断放弃借势，没必要为一时的曝光量而损害自身的长期发展。

（3）迅速反应

出现热点时，很多短视频创作者都会尝试借势，而对该热点分析解读的视角、观点等是相对有限的。如果短视频创作者反应速度很慢，等到其上传内容时，往往会发现自己的内容与很多同类内容存在观点雷同问题。

（4）保障内容的客观性

有些热点本身有一定的争议，甚至不同当事人给出的说法也不一致，热点事件到最后可能走向意外结局。所以，短视频创作者在借势热点时，要客观公正，独立思考，避免盲目站队导致用户流失。

第 12 章

# 渠道引流：低成本+高曝光+全覆盖

## 微博引流实战攻略

作为一个现象级的社交媒体，微博有非常庞大的流量，因此，善用微博引流将为短视频引流带来显著优势。那么，在短视频引流实战中，微博引流有哪些技巧呢？如图12–1所示。

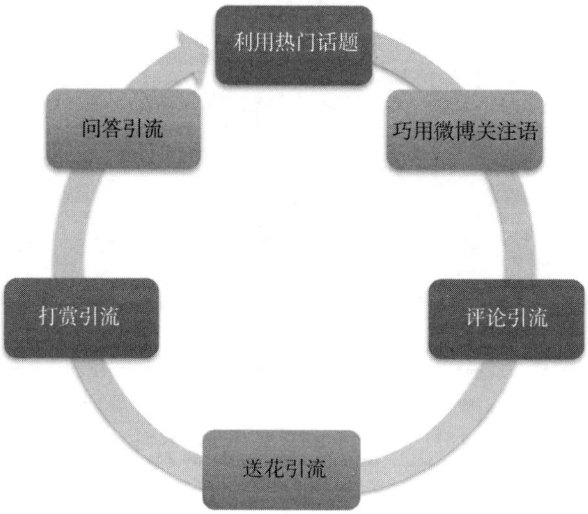


图12-1　微博引流实战攻略

### ◆利用热门话题

微博上有“热搜榜”“实时榜”等热门话题排行榜，短视频创作者可关注这些排行榜，并在相关博文中通过图片、文字、短视频等形式为短视频账号做植入。比如某个影视剧使“插花”成为微博热门话题，此时，该领域的短视频创作者便可在微博中发布有关插花技巧、插花知识等类型的短视频，并在短视频内容中引导用户关注自己的账号。

### ◆巧用微博关注语

微博有一个设置关注语的功能，当其他用户关注我们的微博账号时，便可自动向该用户发送关注语。因此，短视频创作者可通过设置“感谢您的关注，我是××小行家，我的××号是××，平时我会在××号内分享一些××实用技巧，有需要请加关注呦！”等微博关注语进行引流。

◆评论引流

微博为用户提供了评论博文的评论区，在评论区内，用户可以发表自己的观点、想法等。借助评论功能，短视频创作者可以用自己的微博号在热门博文评论，来吸引目标用户关注，最好是在潜在的热门博文评论，比如某个新上映电视剧的微博账号刚开始时评论较少，短视频创作者评论后便可占据有利的曝光位置。

◆送花引流

微博用户充值可购买鲜花等虚拟道具，然后将这些虚拟道具送给喜欢的博主，以表示对他们的支持。送花达到一定数量的用户将会显示在博主主页左下方“本周送花榜”靠前位置，短视频创作者可以借助这一点为自己引流。

◆打赏引流

微博有两类文章支持打赏功能，即原创素材与头条文章，为文章打赏的用户会显示在打赏区。由于目前大部分网民没有养成知识付费的习惯，为优质文章打赏的用户较少，这意味着短视频创作者可用较低的成本得到一个高性价比的广告展示位。

◆问答引流

对于经常在微博问答区答题，并且提供高质量答案的用户，微博官方会邀请他们成为问答达人。短视频创作者可以发挥自身在某领域的专业优势成为问答达人，在回答问题时为自己引流。

## 微信引流实战攻略

微信是移动端的超级流量入口，拥有强大的流量变现能力。而且微信是人们日常生活与工作中经常使用的社交工具，在微信平台，优质内容很容易实现病毒式传播，从而为短视频创作者引流带来诸多便利。在短视频引流中，以下几种微信引流技巧尤为实用，如图12-2所示。

图12-2　微信引流实战攻略

### ◆朋友圈背景图引流

微信朋友圈提供了一个背景，用户可自主设计该背景。这个背景在很大程度上决定了其他用户看你朋友圈时的第一印象。短视频创作者可借助该功能为自身引流，比如在图片上添加短视频账号信息等。当然，由于第一印象非常重要，短视频创作者设置微信朋友圈背景图时应避免硬性推广。

### ◆点赞引流

很多用户都有睡前刷微信朋友圈的习惯，但刷微信时通常只是了解信息，很少主动点赞。事实上，人们在朋友圈发布信息时，都希望得到他人的关注，而点赞就是体现关注最简单的方式。所以，短视频创作者可以通过点赞逐渐与其他用户建立信任，借此引流。但点赞时不能盲目，要注意具体内容，比如当用户发布了表达自己悲伤情绪的内容时，短视频创作者需要做的是安慰，而不是点赞。

### ◆微信群引流

微信群引流曝光率高、较为精准，但为了保障社群成员体验，短视频创作者必须注意引流的方式方法。比如，短视频创作者可以主动在社群内分享实用生活技能，这些技能对社群成员有帮助，而且不需要他们付费，往往能得到很多社群成员的积极反馈。长此以往，短视频创作者将与社群成员建立信任关系，从而得到很多忠实粉丝。

### ◆微信公众号引流

短视频创作者可以自己运营微信公众号来引流，优点在于得到的粉丝黏性较强，流量可自主控制，缺点在于需要较长的周期；也可以与有较高粉丝量的其他微信公众号合作引流，这种方式的优点在于见效快，短时间内就能获得一定规模的粉丝，但这些粉丝黏性不足，流失率较高。

### ◆广点通引流

广点通是微信官方推出的广告投放系统，属于付费引流工具，可以帮助短视频创作者将营销内容快速精准地推送给相应的标签用户，虽然需要花费一定的资金，但曝光量有保障，而且无需担心因发布广告而被平台封号。

## 头条引流实战攻略

目前，今日头条已经进化为综合类内容平台，可提供图文、视频、UGC小视频、问答、微头条等多种形式的内容，得到了大量用户的青睐。那么，短视频创作者应该如何利用今日头条为自己引流呢？此处分享几种今日头条引流的常用技巧，如图12-3所示。

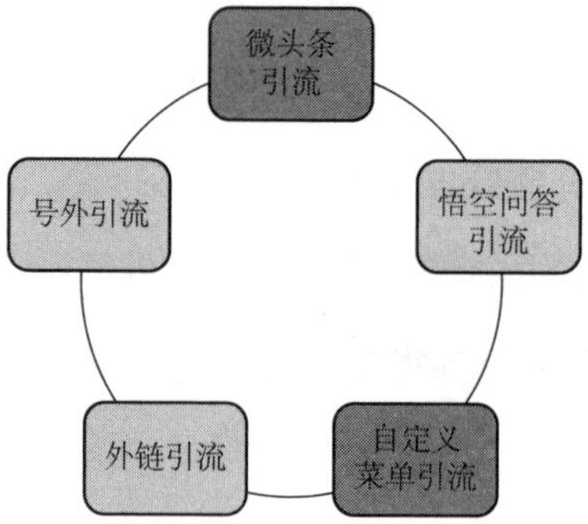


图12-3 今日头条引流实战攻略

### ◆微头条引流

今日头条对微头条的定位是社交媒体，而且微头条与头条号相互打通，给短视频创作者引流带来了诸多便利。在微头条中，短视频创作者可以发布优质文章引流，通过有价值的内容获得用户认可与支持，也可以在爆款文章下方评论引流，但在评论时要尽可能地发一些有趣味、有态度、有观点的内容，不能为了吸引眼球而恶意评论甚至违规评论。

**◆悟空问答引流**

悟空问答是今日头条推出的一款问答社区，和百度知道、搜狗问答属于同类产品。在悟空问答中，回答的问题得到首页推荐后，才有可能获得较大的曝光量，而想要获得首页推荐必须保障回答质量。因此，利用悟空问答引流时，短视频创作者应该选择自身擅长的领域，给出客观、准确的答案，同时要保证回答内容通俗易懂，让对问题感兴趣的用户可以快速得到答案。

**◆自定义菜单引流**

在头条号用户个人页面中，用户可自定义菜单，最多支持设置三个一级菜单，每个一级菜单下面最多可设置五个二级菜单。有了这些菜单后，短视频创作者就可以将自己创作的短视频作品、账号信息、价值观、小故事等展示出来，为自己引流。

**◆外链引流**

今日头条支持用户添加外链，外链可连接至网页、小程序、线上商城等。基于此，短视频创作者可以用外链将目标用户引流至短视频作品，甚至商品销售页面，以便为自身引流。

**◆号外引流**

号外是今日头条推出的付费推广功能，可帮助头条号作者向目标用户推广头条号文章。得益于今日头条强大的算法支持，号外付费推广较为精准，能够为创作者带来真正的目标用户。当推荐的内容点击率小于1%时，号外将停止推广，并且将未消耗完的广告预算返还给账户，帮助短视频创作者有效降低了付费推广的风险。

## 贴吧引流实战攻略

贴吧即百度贴吧，是全球最大的中文社区，也是各种兴趣爱好者的聚集地。百度贴吧流量大、成本低，对短视频新手非常友好。利用百度贴吧引流需要注意两个关键点，其一是思考应该用什么内容吸引目标用户，其二是思考怎样在发出的内容中巧妙地植入广告，以避免被删帖、引发用户抵触情绪等。在实践中，短视频创作者可采用以下几种技巧，如图12–4所示。

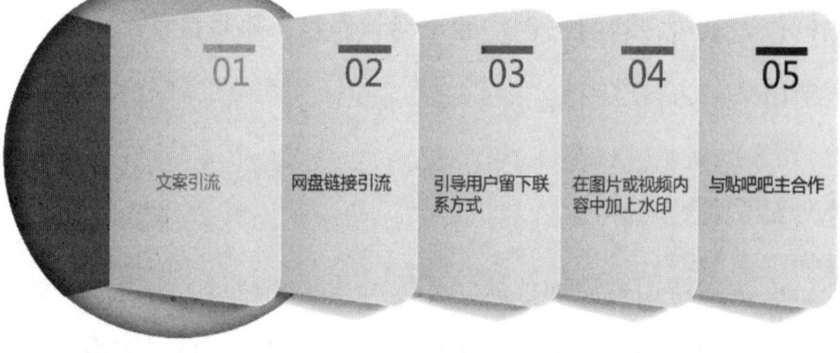


**图12–4 贴吧引流实战攻略**

### ◆文案引流

这是所有内容平台通用的引流方式，优秀文案无论在什么平台都会获得大量用户关注。当然，文案引流对短视频创作者的文案创作能力有较高要求。如果选择这种引流方式，短视频创作者要找到符合自身定位的贴吧，投入足够的时间与精力打磨内容，再选择合适的时机发布。

### ◆网盘链接引流

百度网盘是百度推出的云存储服务，支持用户上传、下载各种形式、各个行业的数字内容资源。在日常生活与工作中，人们需要使用教程、课件、软件、电子书、图片等各种形式的数字内容。因此，短视频创作者可通过在百度贴吧中设置网盘链接，为用户提供所需内容吸引用户关注。

### ◆引导用户留下联系方式

比如，游戏类短视频创作者可以发布一个讲解游戏技巧的帖子，然后在帖子末尾告知用户“对该游戏感兴趣的用户可在下方留下联系方式，楼主会在第一时间拉你进群，欢迎大家共同交流游戏技巧”，之后，便可将留下联系方式的用户拉进群，逐渐将其转化为自己的粉丝。

### ◆在图片或视频内容中加上水印

与文字相比，图片与视频在感官刺激方面具有明显优势。所以，很多短视频创作者利用百度贴吧引流时经常会发一些带有图片与视频内容的帖子，为这类内容添加水印，可以使引流达到事半功倍的效果。不过，在为图片或视频添加水印时，要尽可能地用创意弱化广告色彩（比如运用特殊字体、符号、颜色等），类似简单粗暴的“请加××号”很容易被当作广告删帖。

◆与贴吧吧主合作

吧主负责管理贴吧，拥有删帖权、置顶权等，所以，短视频创作者可以与贴吧吧主合作，为自身引流推广。而且大部分贴吧管理员是因为兴趣爱好才担任吧主，并不是为了获利，所以他们收费普遍不高。如果短视频创作者确实能为吧内用户创造价值，很多吧主不但不收取费用，还会主动将其推荐给吧内用户。

## 论坛引流实战攻略

一些短视频创作者可能认为论坛已经过时了，因为现在人们都在用微博、微信、抖音、快手等新媒体平台。确实，论坛的用户规模、活跃度等已经失去了往日的荣耀，但天涯论坛、虎扑论坛等知名论坛仍聚集着很多用户，而且论坛普遍按版块划分，用户根据自己的兴趣在版块内交流讨论，这能让短视频创作者精准地找到目标用户。所以，学会论坛引流，对短视频创作者也非常重要。那么，论坛引流有哪些技巧呢？如图12–5所示。

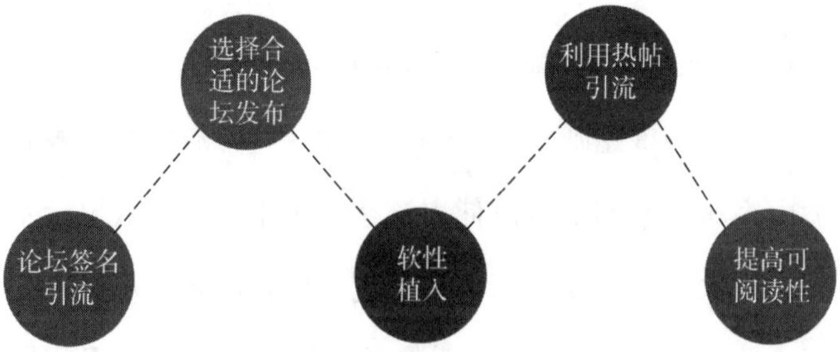


图12–5　论坛引流实战攻略

### ◆论坛签名引流

注册论坛账号后，用户可设置自己的个性签名，该签名可以成为短视频创作者的广告位。短视频创作者将自己的短视频账号信息添加到签名中，然后在论坛发帖或回复他人的帖子，尽可能地在论坛留下更多足迹，以实现成功引流。

### ◆选择合适的论坛发布

除了知名度较高的天涯、虎扑外，互联网还有很多论坛，虽然这些论坛的用户规模可能不如前者，但对于短视频创作者来说，它可能存在很多目标用户，所以在这些论坛引流的效果要好很多。如果论坛选取不当，比如母婴类短视频创作者在科技类或汽车类论坛上发帖，只会浪费资源，很难达到预期效果。

### ◆软性植入

为了维持论坛运营，论坛官方设置了广告区。虽然可以在广告区发广告，但需要付费，而且效果未知。因此，很多短视频创作者做论坛引流时没有选择付费推广，而是在内容区做免费推广。但无论是论坛官方，还是论坛用户都不希望内容区出现纯广告内容，导致纯广告信息在内容区几乎没有生存空间。在这种情况下，短视频创作者应尽可能地采用软植入，在确保用户体验的情况下完成广告信息展示。

### ◆利用热帖引流

热门的帖子往往质量较高或话题性较强，再加上用户的从众心理，使这类帖子的曝光量极高。在这类帖子中回一个高质量帖，比如结合自己的案例对帖子进行进一步解读等，往往能给短视频创作者带来极大的曝光。

### ◆提高可阅读性

可阅读性对内容作品来说非常重要，直接影响着用户的阅读体验。如果内容的可阅读性不高，即便内容本身隐含着很多有价值的信息也很难获得足够的点击量。为了提高帖子的可阅读性，短视频创作者需要从排版、遣词造句等方面对帖子进行优化完善。

## QQ空间引流实战攻略

作为一个老牌社交平台，QQ空间承载了很多“80后”“90后”的回忆，翻看QQ空间时，他们往往会回忆起美好的青春时光，所以，很多人仍在坚持使用QQ空间。那么，短视频创作者如何利用QQ空间进行引流呢？如图12-6所示。

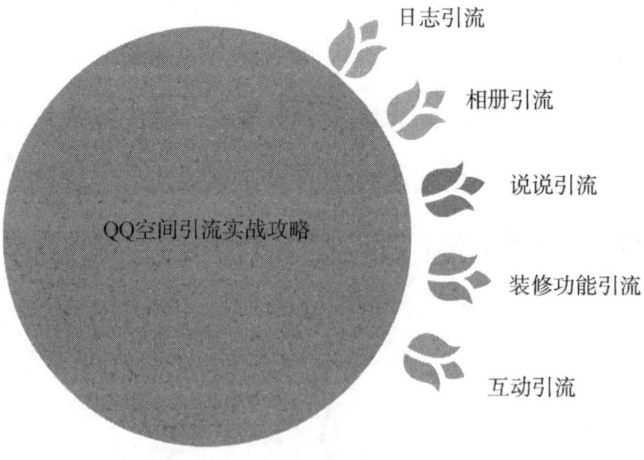


图12-6 QQ空间引流实战攻略

◆日志引流

QQ空间日志支持文字、图片、视频等各种形式的内容，短视频创作者可以利用这些丰富的内容形式创作一些广告信息。而且当短视频创作者在QQ空间发表日志时，好友会收到QQ平台的提醒，如果他们点击阅读，短视频创作者就可以通过浏览记录追踪到他们，进而开展更具针对性的营销推广。

◆相册引流

QQ空间相册功能既支持上传图片又支持上传视频，短视频创作者可以直接将自己创作的短视频上传到QQ空间相册中，给那些有需求的用户观看，同时，还可以在图片或视频中添加广告信息来引流推广。

◆说说引流

说说和日志有一定的相似之处，都可以用来记录生活，但二者也存在很多区别，比如说说通常是简短的几个字、表情等，可以显示在主页中，而且有字数限制，而日志更像一篇长文章，没有字数限制。对于短视频创作者来说，利用说说引流最可行的方式就是在记录生活的内容中植入广告信息，比如拍摄美好生活瞬间的短视频时，在服装LOGO或摆放的道具上做广告植入。

◆装修功能引流

QQ空间为用户提供了装饰功能，对DIY感兴趣的用户可以随心所欲地布置QQ空间。短视频创作者可利用该功能，以改编音乐、分享技能等方式进行广告信息展示。当然，装饰QQ空间有很多技巧，短视频创作者可通过使用模板来节省装饰时间。

### ◆互动引流

经常访问目标用户的QQ空间，在他发布动态时及时为他点赞、评论等，在互动过程中，逐渐与他们建立信任关系，将其转化为忠实粉丝。当然，这种方法短时间内难以见效，但如果能坚持下来，往往会有很大的收获。

## 在线视频引流实战攻略

在线视频引流是指借助爱奇艺、腾讯视频、优酷视频、搜狐视频等专业性视频网站进行引流推广。这些视频网站拥有丰富的国内外影视剧资源，吸引了很多用户，甚至部分用户为追剧还购买了平台的付费会员。那么，短视频创作者如何进行在线视频引流呢？如图12-7所示。

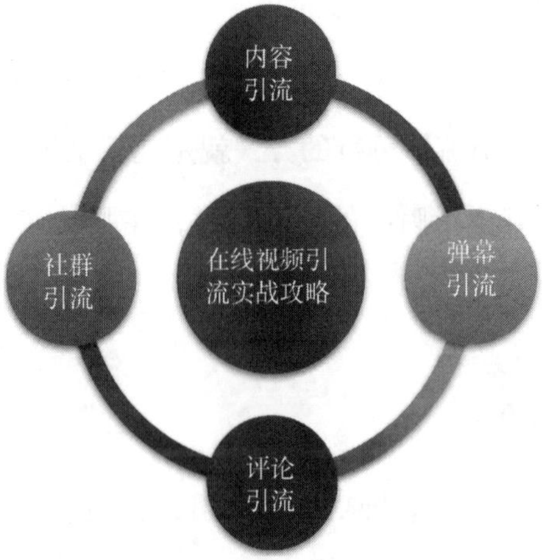


图12-7　在线视频引流实战攻略

◆**内容引流**

为满足用户的多元化需求，视频网站纷纷开设了短视频版块，比如腾讯视频在PC端首页设置了今日热门、原创精选、热点短视频等多种短视频版块。短视频创作者可将自己的短视频作品上传到视频网站的短视频版块，以便积累用户资源。当然，想要通过内容在视频网站引流必须创作出高质量的短视频内容，同时要注意提高标题、封面图的吸引力，这样才能吸引足够多的用户点击观看。

◆**弹幕引流**

为了增加用户的观看体验，创造更多的趣味性、互动性、参与感等，视频网站纷纷上线了弹幕功能，用户可利用该功能边看边聊。bilibili甚至形成了弹幕吐槽文化，一些用户非常喜欢看弹幕吐槽，因此，短视频创作者可以通过发送弹幕进行引流，但发送的弹幕要尽可能地与剧情相结合，生硬地发送广告只会引发用户反感，甚至还会被用户举报封号。

◆**评论引流**

视频网站评论引流需要短视频创作者了解视频内容，然后选择某个点，比如某段剧情中的某个人物为什么做出那种选择等，来发表自己的观点、见解，并在其中巧妙地植入广告。

选择热门视频进行评论非常重要，这能为短视频创作者带来更高的曝光量。怎么判断哪些视频是热门视频呢？可以了解视频网站的各种榜单。以搜狐视频为例，搜狐视频上有热播榜、电视排行榜、电影排行榜、自媒体排行榜等各类热播视频排行榜，短视频创作者选择自己感兴趣、有一定知识储备的热播视频进行评论即可。

### ◆社群引流

为提高用户黏性，很多视频网站为用户提供了社群功能。以爱奇艺为例，爱奇艺设有圈子和群聊等社群版块，圈子和百度贴吧较为相似，圈子主题包括明星、旅游、美食、科技、汽车等，短视频创作者可加入这些圈子，通过在其中发帖、回帖引流。群聊主要是用户针对特定的影视剧进行交流讨论，短视频创作者可加入已有的群聊，也可自己创建群聊，但自建群聊一定要快速反应，最好能在影视剧上线第一时间创建。

# Part 5

# 营销转化：短视频营销实战攻略

第 13 章

# 品牌赋能：内容驱动的品牌增长

## 短视频驱动营销变革

随着移动互联网逐渐普及，电视开机率不断下降，视频逐渐融入了人们的日常生活。相较于电影、电视剧来说，短视频在获取用户碎片化时间方面有显著优势；相较于图文来说，短视频在获取使用时长方面有明显优势。这就表示，未来，在营销领域，短视频营销将成为新的蓝海，爆发出巨大能量。下面我们从媒体传播的角度，来分析短视频崛起的主要因素。如图13-1所示。

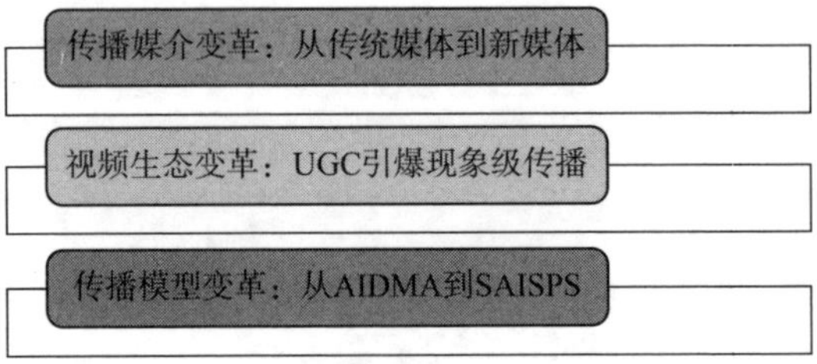


图13-1 短视频崛起的主要因素

### ◆传播媒介变革：从传统媒体到新媒体

从2001年开始，被誉为“互联网女皇”的玛丽·米克尔（Mary Meeker）每年都会发布一份互联网发展报告。在2012年的互联网发展报告中，米克尔将Facebook上市这一年确定为移动拐点，称移动将成为受众及广告的未来。但当时，纵观全美，只有1%的广告投入流入了移动端，大部分广告投放到了传统媒体。

但在过去几年，纸媒广告不断萎缩，移动端的受众越来越多。据调查，人们在电视、广播乃至PC端消耗的时间下降了9%，将更多时间投放到了移动端，这与短视频发展表现出来的趋势大体相同。

随着信息传播媒介从纸张发展到互联网，信息传播形式也有所改变。以往，人们主要通过图文信息来满足自身的娱乐需求。如今，越来越多的用户倾向于选择在碎片化时间观看短视频。短视频对人们的影响也体现在日常生活的方方面面。

随着信息载体不断更迭，品牌营销方式也发生了一定的转换。在短视频受到众多年轻用户追捧的今天，以快手、抖音为代表的短视频平台纷纷崛起，各大品牌商也开始在短视频领域积极布局。由此可见，信息传播形式变革已成为大势所趋。

同时，技术的发展与演进又使变革速度越来越快。随着互联网、智能终端、云计算不断发展，消费者可随时随地通过智能终端观看视频，获取信息。在技术驱动下，内容生产门槛越来越低，生产者只需一部手机就能完成拍摄、编辑、发行全过程，构建一个完整的内容生态。从营销层面看，作为一种新兴的广告载体，短视频营销已经成为一种势不可当的潮流。

### ◆视频生态变革：UGC引爆现象级传播

用户对参与短视频的巨大热情，以及人们注意力过度分散的特性，使短视频流量在整体视频流量中占据的比重持续提升，打破了移动视频生态格局。而短视频平台通过持续创新产品功能，引爆了UGC短视频的强大能量，形成UGC+社交、UGC+电商等多种全新玩法，给广大用户带来了前所未有的极致体验。

以抖音短视频为例，凭借优质的产品体验，抖音自上线以来一直保持着高强度的在线时长和活跃度，且用户规模持续增长，这就为企业、品牌方等尝试商业化探索提供了广阔的想象空间。比如，在抖音达人带动下，重庆、西安等城市获得了庞大的客流量。很多城市管理部门意识到了抖音的流量价值，纷纷开始在抖音上进行城市宣传。

### ◆传播模型变革：从AIDMA到SAISPS

短视频推动品牌与用户的连接方式不断变革，使品牌可以和用户进行无缝对接。用户不但可以接收品牌方传递的信息，也可以主动向品牌方传播信息。

在消费者行为学领域，美国广告学家E.S.刘易斯于1898年提出的AIDMA模型是一种相当成熟的理论模型，如图13-2所示。该理论模型强调消费者从接触信息到购买会经过五个阶段，分别是A（Attention，注意）、I（Interest，兴趣）、D（Desire，欲望）、M（Memory，记忆）、A（Action，行动）。然而，进入移动互联网时代之后，媒介触点愈发多元，用户注意力被过度分散，仍采用路径较长、线性传播的AIDMA模型已经很难满足消费者的实际需要。

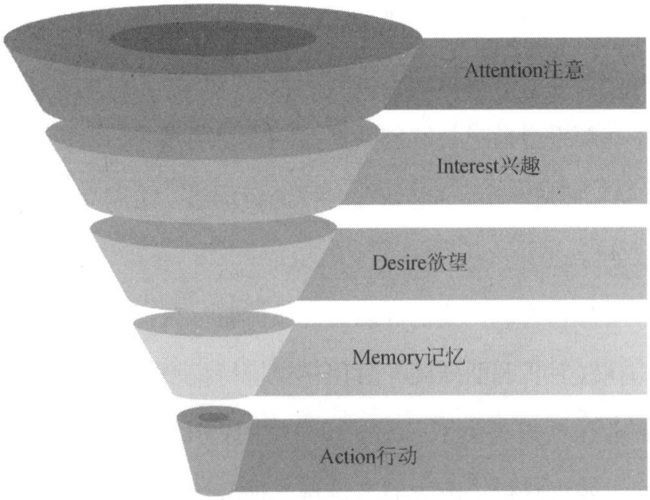


图13-2 AIDMA传播模型

与AIDMA模型相比，SAISPS模型更适合移动视频生态的营销特性，如图13-3所示。在SAISPS模型中，首个S是“Sympathize”（共感）的缩写，A是“Attention”（注意）的缩写，I是“Interest”（兴趣）的缩写，第二个S

是“Search”（搜索）的缩写，P是“Participate”（参与）的缩写，第三个S是“Share”（分享）的缩写。

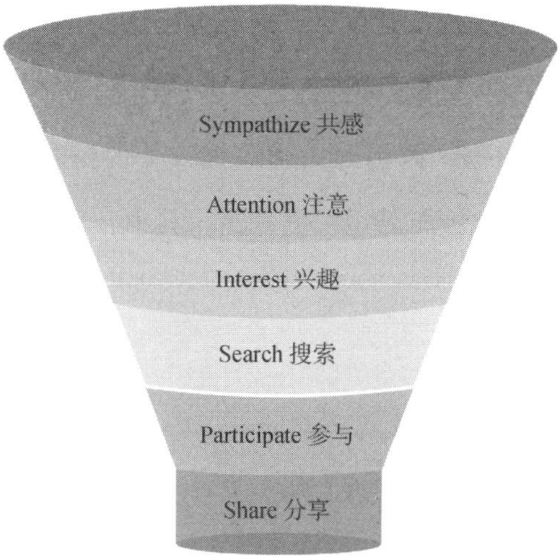


图13-3 SAISPS传播模型

共感与参与是激发用户互动行为的重要体现，这正是短视频营销的领先优势。用户在短视频平台上的广泛参与（如点赞、评论、转发等），可以让品牌和用户进行深度连接。品牌让用户产生共感后，可以直接促使用户购买，不需要经过其他环节的强化，有效提升了转化效果。

## 3大优势：引爆品牌裂变

《2019年短视频营销白皮书》调研数据显示，2018年，短视频用户的年龄范围进一步扩大，平均年龄上升到了30岁，主流用户群体的年龄范围为18～35岁。与2017年相比，35岁以上用户数量有大幅提升。同时，用户对短视频的依赖程度越来越高。2018年，用户平均每天打开短视频应用7次，单次使用时长33.6分钟，日均使用总时长83.6分钟，相较于2017年分别增长了14.3%、26.8%。由此可见，短视频已经成为一个覆盖人群极广的平台。

当前，抖音、快手、秒拍等头部短视频平台相继开展短视频营销业务，各大品牌商也在积极布局短视频营销，其中，麦当劳的短视频营销备受瞩目。

如果从1955年雷·克洛克（Ray Kroc）成立麦当劳公司系统开始计算，到目前为止，麦当劳已有65年的发展历史。在短视频营销风口下，这样一个老品牌不甘落后，积极试水。2017年4月，麦当劳与短视频平台Snapchat合作发起了一场“Snapchat 招聘”。求职者要用Snapchat 制作一份个性化的简历，而且要在Snapchat 中换上虚拟的麦当劳工作制服，录制一个10秒钟的短视频，展示自己的才能。如果求职者的短视频通过了麦当劳的审核，这位求职者就能进入面试。

事实上，在此之前，就有企业在招聘时让求职者通过视频展示个人才能，这种做法在社交平台非常常见。只不过在Snapchat 平台，短视频与招聘活动结合催生了很多不一样的玩法。当然，对于麦当劳来说，与Snapchat合作开展短视频招聘只是其试水短视频营销的噱头，其目的不只是招聘到合适的人才，更是进行品牌传播。因为这场招聘活动，麦当劳迅速成为话题中心，知名度、影响力再一次提升。

除麦当劳以外，星巴克利用短视频推广星享卡，GUCCI通过短视频发起24HourAce接力赛，获得格莱美大奖的歌手Ed Sheeran也选择通过Snapchat短视频平台推广新歌……

为什么国际知名品牌、明星、达人都如此青睐短视频营销呢？与图文、音频形式的内容相比，短视频内容可在单位时间内呈现更丰富的信息，感染力较强，在激发用户购买、进行口碑传播等方面更具优势。短视频时长短，制作、传播及消费成本较低，和移动化、碎片化的时代潮流也较为契合。因此，短视频在短短几年内迅速崛起并发展。

### ◆短视频营销的3大优势

具体来说，短视频营销具有以下3大优势，如图13-4所示。

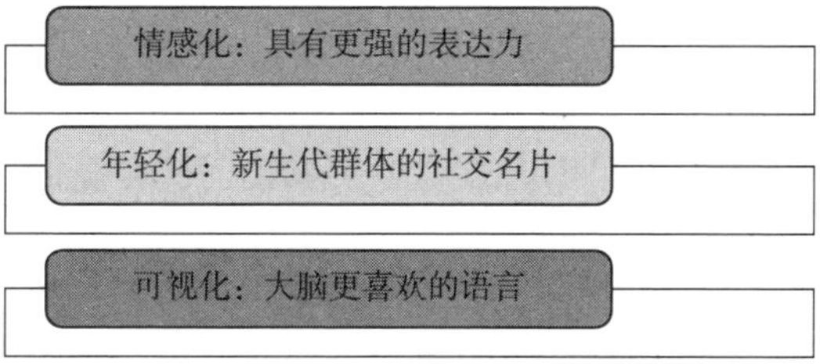


**图13-4 短视频营销的3大优势**

（1）情感化：具有更强的表达力

进入内容营销时代之后，品牌营销形式发生了极大的改变。过去，品牌营销只是单纯地讲故事，总是希望用情感和角色打动消费者，与消费者建立情感连接。但相较于传统的品牌营销来说，短视频营销在讲述情怀、引发消费者共鸣方面更具优势。因为相较于图文内容来说，短视频集动作、声音、表情于一体，更立体，带给用户的感受更真实，更能引发用户的情感共鸣，表达力更强。

（2）年轻化：新生代群体的社交名片

对于品牌来说，年轻化已成为一门必修课，因为“90后”“95后”逐渐成为主流消费群体，这类消费群体是互联网原住民，习惯通过互联网获取信息。如果品牌依然通过传统媒体传播品牌信息，很难引起这类用户的关注。相反，如果品牌通过新兴的社交网络传播信息，就能快速获取新一代消费群体的青睐。现如今，短视频早已成为新生代群体的社交名片，在此形势下，短视频营销逐渐成为品牌营销的新阵地。

（3）可视化：大脑更喜欢的语言

研究表明，相较于纯文字来说，大脑处理可视化内容的速度要快很多，后者几乎是前者的60000多倍。从生理层面来看，短视频更容易被人接受。相较于图文、音频等形式的内容来说，短视频具有可视化优势。

作为可消磨用户碎片化时间，集中展现信息的内容载体，短视频备受用户青睐。同时，年轻人的生活节奏越来越快，碎片化时间越来越多，短小精悍的短视频满足了年轻人利用碎片化时间学习、娱乐的需求。这就表示，如果品牌使用短视频与年轻的消费者交流，更容易被消费者接受，更容易达到“品效合一”的传播效果。

### ◆短视频营销的基本技巧

短视频营销具有内容灵活、互动性强、适合软植入等优势，是现代营销人员的一项必备技能。短视频制作门槛较低，为营销人员开展短视频营销带来了诸多便利。不过，由于短视频的制作门槛低，也意味着短视频内容规模庞大，营销人员难以抢占目标用户的注意力。因此，短视频运营人员首先要对短视频营销的基本技巧有一个大致了解，如图13-5所示。

**图13-5 短视频营销的基本技巧**

（1）内容定位契合平台调性

所有媒体平台都有一定的特性，不同媒体平台的用户也会有差异化的特征。比如美拍平台年轻女性用户较多，时尚、美妆内容更受用户追捧；今日头条平台男性用户较多，科技类、汽车类内容易成为爆款；B站是二次元文化聚集地，动画、游戏等二次元内容比较受欢迎。所以，短视频营销人员需要充分考虑平台调性和内容定位是否一致，避免因为定位问题造成严重的资源浪费。

（2）了解并适应平台规则

平台为了保障用户体验、和竞争对手实现差异化会推出各种规则，了解并主动适应规则会使短视频营销取得事半功倍的效果。而想要了解这些平台规则，需要营销人员阅读平台发布的用户手册、账号运营指南等，成为平台的深度用户。

（3）获取渠道资源

优质渠道资源可以让短视频内容被更多用户发现并消费，从而提高产品与品牌曝光量。因此，善于利用平台的渠道资源非常关键。很多平台为了鼓励内容创作者入驻，会为新用户提供绿色通道，帮助其引流推广。而过了新手期后，就需要营销人员通过提高内容评分、购买平台增值服务等方式获得优质的渠道资源。

提高内容评分的手段不是一成不变的，营销人员可以从标题、发布时间、发布频率等方面着手，比如在标题方面，营销人员可设置一些有趣的、和热点结合的标题；在发布时间方面，运营人员可以对平台热门视频用户互动行为（评论、转发等）时间进行总结，来寻找传播规律，同时，还要对自己发布的短视频传播规律进行总结，确定合适的发布时间。

## 6项要点：极致的创意呈现

时至今日，品牌营销亟待变革，快速崛起的短视频成为品牌新的关注点。近两年，短视频发展速度越来越快，短视频平台的竞争逐渐从资本竞争演化为变现渠道的竞争，品牌纷纷开始试水短视频营销。但短视频营销毕竟属于一种新的营销模式，传统的营销理论不再适用，所以，即便品牌投入大量人力、物力，营销效果也差强人意。面对这种情况，品牌主们显得有些手足无措。

一方面，短视频使用传统的贴片广告并未取得预期效果，不仅没有优化品牌与用户的沟通体验，还因为视频时长所限无法获得用户喜爱；另一方面，虽然移动App原生视频信息流是趋势，但因为没有很好的创意，视频流很容易被淹没。在这种情况下，品牌如何创新短视频营销才能提升与用户的沟通效率呢？

### ◆短视频内容创意的来源

对于内容创作者来说，如何打造一支创意十足的短视频呢？笔者建议从以下三个方面入手，如图13-6所示。

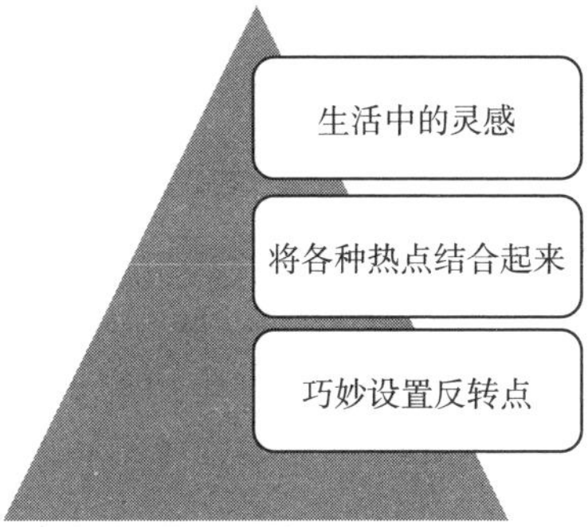


**图13-6 短视频内容的创意来源**

（1）生活中的灵感

艺术来源于生活，所以短视频创作可以从日常生活中寻找灵感。日常生活中经常发生一些有趣、温暖、感人的故事，用手机将这些场景记录下来，就能成为一个非常好的短视频。比如，在暴雨天气，行人都在匆忙躲雨，只有外卖小哥骑电动车或摩托车冒雨奔走，只为将热腾腾的饭菜送到客户家门口；夏天，人们或躲在凉爽的空调房里不出门，或撑着伞走在树荫下，只有交警顶着炎炎烈日站在马路中央，保证来往车辆的安全、道路的通畅……这些都是生活中非常常见的场景，但也是极好的短视频素材。

（2）将各种热点结合起来

热点本身就带有一定的关注度，如果短视频能与热点相结合，自然就能吸引人们的目光。短视频借势热点的方式有两种。

第一，结合热点。在热点出现之后，内容创作者立即结合热点制作短视频，发布到平台，会引起极大的关注。

**【满钇财务小剧场】风趣高效的短视频创意**

满钇财务在“双11”期间借电商平台满减活动的热点创作了一则短视频，吸引了不少观众观看，如图13-7所示。

| 满钇财务短视频内容设计 |
| --- |
| 视频开始，一名员工坐在办公桌前，看着当月的工资单百思不得其解：“这个月工资怎么那么少？去问下老板。”说着，这名员工就起身离开了座位，推开了老板办公室的门，开门见山地问道：“老板，我这个月工资少了五百。”<br>老板一本正经地思索了一秒钟说道：“哦，双十一嘛，满 4000 减 500。”<br>最后，镜头一转，这名员工一脸无奈地说道：“亲爱的客户们，双十一你给我下单，我也给你减免。”<br>电商造物节“双十一”已成为每年的热门话题，活动期间，满减、预售活动等都会引发热议。满钇财务借这个话题创作了这则短视频，在搞笑的同时做了一次活动宣传——公司在双十一期间推出了减免活动，下单可享优惠。凭借情景短剧 + 热点的这种创意，这则短视频获得了极好的传播效果。<br>在满钇财务的这则短视频中，一开始就抛出一个疑问“这个月的工资怎么少了？”工资莫名其妙的减少显然就是不合情理之处，之后的剧情就围绕这个疑问展开，工资为什么减少？因为双十一满减，满 4000 减 500！这种工资算法显然更不合情理，却能逗笑一大批观众。最后以愁眉苦脸模样道出这则短视频的真实意图——双十一期间下单享满减，让观众在放松状态下接受这一信息，从而达到更好的传播效果 |

图13-7　满钇财务小剧场

第二，反热点。如果人们都在追热点，结合热点制作短视频，很容易让大众产生审美疲劳。在这种情况下，如果能反热点而行，很有可能制作出爆款短视频。例如每年的“双十一”，人们都在制作购物清单，告诉大众如何购买商品最划算，但papi酱却反其道而行，对“双十一”进行吐槽，让观众眼前一亮。

（3）巧妙设置反转点

欲扬先抑、起承转合总能吸引人们的注意力。所以，在制作短视频时可以设置一些反转，例如短视频开始展现一些于理不合的镜头，然后通过后面的故事对其进行解释，让观众看完有一种恍然大悟的感觉。

有了好的创意之后，短视频制作团队就要将这些创意体现出来，制作成短视频。如果需要素材，可以前往视频库搜索，各个视频平台、短视频App有大量实时更新的素材，制作者可以直接下载或者批量下载，通过剪辑、处理将其用到自己的短视频中。

### ◆短视频创意的六大要点

● 从消费者的角度看，短视频的功能不仅是满足“看”的需求，还要满足“玩”的需求。对于短视频来说，反艺术、开放性、解构、颠覆是其非常重要的精神内核，这些恰恰迎合了普通大众的审美偏好。

● 相较于传统的视频广告，短视频内容营销最本质的区别就在于消费者在观看短视频时会将短视频当作内容，代入感更强，情绪反应更大。所以，短视频创作团队在策划、制作短视频时要让内容与品牌实现完美融合，这一点非常重要。

● 按照不同的维度，短视频内容营销可分为不同的形式，情感故事短片只是其中的一种。这类短视频不会显露品牌信息，只会在片尾用一句话与品牌建立关联，让观众恍然大悟，比如《总有人偷偷爱着你》与999感冒灵。

- 有些短视频脑洞大开，极富创意，非常适合在社交媒体上传播。比如百雀羚用“包公”的黑来宣传产品的美白功能，但直到故事结束也没出现品牌信息，没让观众发现这是一则广告。
- 根据内容主体的不同，短视频内容营销可分为两种模式，一是内容模式，二是红人模式。在内容模式下，短视频营销效果的好坏在很大程度上取决于内容的质量，对故事创意的依赖度较高；在红人模式下，因为红人自带粉丝，所以对内容质量要求不高，但对品牌与红人的匹配度要求较高。
- 品牌短视频有很多创意方向，包括体现公司文化，展现员工生活，挖掘与品牌相关的UGC内容，放大品牌与用户的互动，抓住热点表达品牌观点，讲述品类故事，不断向外延展等。

对于品牌主来说，短视频只是一种讲故事的工具。所以，无论何种类型的短视频营销，归根结底还是情感营销，其目的还是体现企业的人文文化与人文精神，将其传播出去，让用户看到产品及服务背后发生的故事。

## 5个步骤：搭建“TRUST模型”

随着短视频的出现，内容传播形态发生了极大的改变，从图文到长视频再到短视频，从横屏播放到竖屏播放。凭借极致的观看体验，短视频迅速发展，用户规模不断扩大，活跃度不断提升，为品牌形象塑造、内容传播开辟了新渠道，成为品牌新的社交语言。经过几年时间的发展，我国短视频行业已经十分成熟。对于品牌来说，如何抓住这个新的流量入口，开展“短而精致，简而生动，小而美好”的营销活动，已成为亟待解决的新命题。

### ◆精准画像：用户真正需要的是什么

对于不同的用户来说，短视频的功能也不同。总体来看，短视频的功能大致可以归结为四种，分别是情绪减压、引导消费、生活助手、知识聚合，具体如图13-8所示。

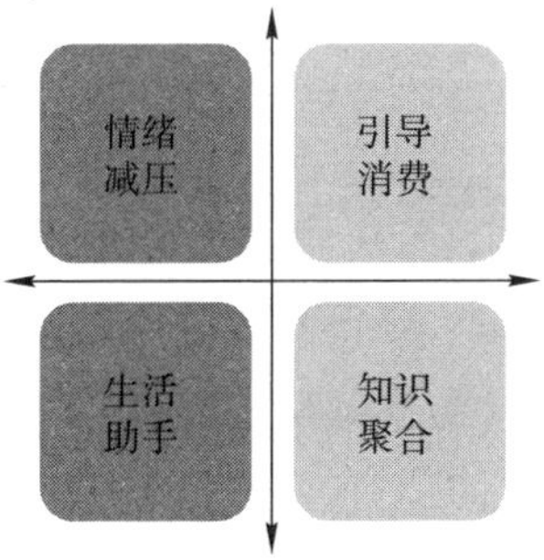


图13-8　短视频的四大功能

- **情绪减压**。随着生活节奏、工作节奏越来越快，人们面临的压力越来越大，忙碌之余看一段轻松愉悦的短视频可以很好地放松心情，缓解压力。
- **引导消费**。有些短视频展现了某种生活方式或生活理念，会给予用户一定的启发，对其消费行为产生一定的引导。尤其是美食、旅游、搭配、美妆类短视频，非常容易激发用户对品质生活的追求。
- **生活助手**。有些短视频会展现某种生活技能，比如用柚子皮煮水清洁下水道，用牙刷制作杯刷等，这些技能会帮助用户解决一些生活难题。用户在掌握这些技能之后，会忍不住与他人分享，又满足了用户的社交需求。

● **知识聚合。**短视频的类型非常多，有些短视频会为用户提供最新的新闻资讯，有些短视频会为用户提供某方面的专业知识，而用户观看短视频的行为也从简单观看转变为深度探索。在此情况下，对于用户来说，短视频就成了知识聚合器，可以让用户利用碎片化时间学习各种新知识。

随着用户结构、使用时间、功能角色不断改变，短视频成为可以覆盖全人群，帮助品牌进行立体化表达、多元化展现的营销平台，短视频营销也成为一种超越流量，集创意、内容、技术于一体的营销方式。

### ◆TRUST模型：短视频营销五部曲

随着用户规模不断扩大，短视频已成为品牌非常重要的营销工具，从时间、空间为品牌带来巨大的营销价值，满足了品牌多元化的营销需求。为了做好短视频营销，品牌需要构建基于用户画像的"TRUST模型"，如图13-9所示。

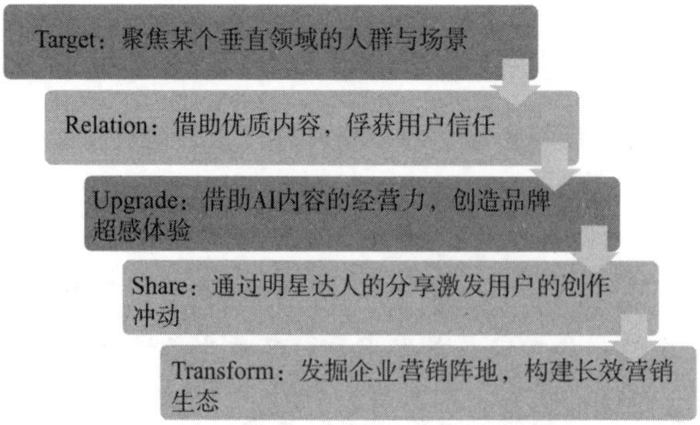


图13-9　短视频营销的"TRUST模型"

（1）Target：聚焦某个垂直领域的人群与场景

通过发布垂直内容，品牌可以准确找到目标受众，与受众实现无缝对接，挖掘新的销售增长点。例如，在国庆期间，携程与抖音携手面向年轻群体推出“fun肆之旅，游抖一下”的旅行季活动，通过达人实拍示范，鼓励用户通过抖音记录旅行的美好瞬间，引领了“短视频+旅行”的新模式，激发了用户在旅行途中拍摄短视频的意愿。

（2）Relation：借助优质内容，俘获用户信任

通过发布优质内容、精品内容，品牌可以提升用户偏好，增强用户对品牌的体验和对品牌价值的认同，增强用户的消费信心，帮用户挖掘优质产品，发现美好的生活方式，获得精神层面的愉悦与满足。比如，香奈儿通过发布短视频，将艺术性的内容与高质量的画面相结合，激发用户对美好生活的追求与向往，并让用户将这种愿望与香奈儿品牌联系在一起。

（3）Upgrade：借助AI内容的经营力，创造品牌超感体验

短视频平台利用自身的技术优势不断开发适用于营销的技术产品，创造了很多富有创意的内容互动方式，比如定制贴纸、BGM创作互动等，为用户提供了多元化的与品牌互动的方式，也为品牌提供了更广阔的创新营销空间。例如，vivoX21魅夜紫新配色上市之际，品牌就与抖音联合推出了魅夜紫彩妆，并支持人脸识别精准3D上妆，妆容可以自动贴合，让用户享受到方便快捷的变妆体验，更近距离地感受魅夜紫配色的魅力。

（4）Share：通过明星达人的分享激发用户的创作冲动

据统计，在短视频营销中，有42.5%的品牌会选择达人、明星创作短视频作为营销内容，70%的用户会因为明星达人的推荐产生购买行为。在短视频平台，明星达人的推荐使品牌内容的曝光度大幅提升，使前期冷启

动的周期大幅缩短。例如，在BMW X3上市前，品牌邀请赵又廷、宋佳等明星发布短视频，使这款新车获得了极大的曝光，沉淀了一大批粉丝。

（5）Transform：发掘企业营销阵地，构建长效营销生态

对于品牌来说，营销阵地有极高的价值，比如可以提升品牌黏性，吸引大量粉丝，增强品牌的传播效果等。以vivo为例，作为第一批注册抖音蓝V账号的品牌，vivo从一开始就将抖音确认为自己的营销阵地，注册账号，投放广告，发起挑战赛，通过一系列行为快速积累了大批粉丝，每条短视频都能收获大量转发。

总而言之，在移动互联网时代，短视频已成为非常重要的营销渠道。品牌要想抢占先机，必须开展持续的内容运营，通过富有创意的内容刺激用户主动传播，充分挖掘内容生产者的内容生产能力，积极引进人工智能、VR、AR等新技术，精准定位目标消费群体。同时，品牌还要将短视频营销与其他的营销体系协同，通过内容与平台联动实现裂变传播，取得更好的营销效果。

## 7大策略：高效玩转短视频营销

目前，互联网行业的竞争已进入下半场，流量越来越贵，转化成本越来越高。在此形势下，短视频异军突起，使用户时间与注意力得以重新分配，制造了一波全新的流量红利，创造了新的营销机会。同时，人们对短视频商业化的探索愈发深入，创造出越来越多的玩法与可能。那么，对于品牌主应如何借助短视频实现高效营销呢？我们可以从以下7个方面着手，如图13-10所示。

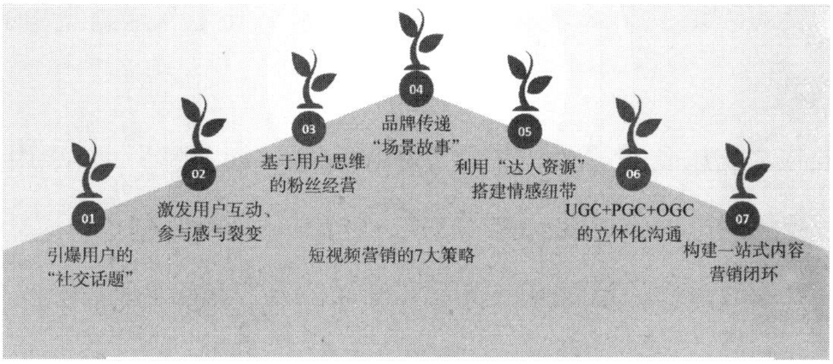


图13-10 短视频营销的7大策略

### ◆引爆用户的“社交话题”

从本质上看，短视频营销是社交营销的升级，以社交营销模式为核心，讲究互动，拒绝自说自话。品牌要想做好短视频营销，必须先明确一个可以引爆的社交话题，确定一个备受用户关心的问题，利用短视频进行解答，以切实提升内容传播效果。

2017年“双十一”期间，擅长短视频营销的淘系品牌在竞争激烈的市场上脱颖而出。“双十一”期间，各个品牌都在开展促销活动，海量品牌信息喷薄而出，都强调自己是“千年难得一遇的历史最低折扣”，面对这些真真假假的消息，消费者一时难以辨别。在这种情况下，对于消费者来说，一份科学的购物清单就变成了最紧要的需求。于是，天猫与陌陌联手，发现“购物清单”这个话题，在陌陌平台推出天猫短视频话题定制页——“双十一爆款清单”，在极短的时间内吸引了大量流量。

### ◆激发用户互动、参与感与裂变

短视频平台不只是内容消费平台，其价值不只是品牌营销，还是一个社交平台，可以增进品牌与用户的交流与互动，让更深层的互动价值得以全面释放。

短视频之所以备受喜爱，主要原因就在于“参与感”。对于用户来说，在观看短视频的过程中可以点赞、转发、评论，可以利用搜索、发现等功能挖掘自己喜欢的内容，单向观看变成了双向互动，增强了观看体验。对于品牌来说，利用短视频双向互动的特性，品牌可以增强用户的参与感，提升品牌的交互力，引发裂变式传播，增强用户黏性，推动营销效能全面升级。

**◆基于用户思维的粉丝经营**

对于品牌来说，投入大量时间与精力制作的内容绝不是为了获得一次性流量，而是为了进行深层次利用，源源不断地获取粉丝。

品牌投入大量人力、物力生产优质内容的目的无非是获取优质粉丝。因为相较于流量来说，用户的价值要大很多，所以品牌将流量思维转变成了用户思维。对于品牌来说，粉丝不仅黏性高，而且会主动帮助品牌宣传。长此以往，粉丝价值不断提升，逐渐成为品牌的重要资产。品牌也能对目标用户的动态进行持续追踪，与用户建立长期稳固的关系，开展长期经营，对用户的生命周期进行全盘管理。

**◆品牌传递“场景故事”**

广告引人厌烦，故事却人人爱听。在内容营销时代，相较于不接地气的广告来说，品牌更需要一个富有感染力的故事。简单来说就是，在内容营销时代，品牌要以情怀动人。在这方面，“番茄炒蛋”“逃离北上广”做出了有益示范。所以，在注意力稀缺时代，品牌要想更好地吸引用户注意，就要将品牌作为一种元素融入一个富有感染力的故事，用故事打动消费者，刺激消费者主动分享传播，从而扩大品牌内容的传播范围与影响力。

### ◆利用“达人资源”搭建情感纽带

为了提升短视频营销传播效果，品牌必须做好两点：一要发现有效的沟通方式，二要明确定位传播渠道。在短视频营销领域，网络达人就是一条有价值的渠道。在短视频平台，一些网络达人的影响力比明星还要高。这种自下而上的互动、传播模式与年轻人的认知模式更加契合，甚至可以在年轻人群体中形成信任传递。通过这种信任传递，品牌可以与目标受众互动交流，建立情感纽带，从而引爆短视频营销。

### ◆UGC+PGC+OGC的立体化沟通

一般情况下，企业的短视频营销就是入驻某个短视频平台，开通账号，将自己制作的短视频上传到平台，进行全渠道分发。这种营销模式对企业持续创作高质量、趣味性短视频的能力提出了较高的要求，而很多企业不具备这种能力。

其实，企业可以设计一种互动机制，刺激用户帮助品牌创作内容，用较少的成本引发大范围传播。另外，因为短视频平台具备一定的社交属性，所以企业可以刺激平台达人创作垂直类内容，从某个兴趣圈层切入，实现垂直用户的精准转化。

### ◆构建一站式内容营销闭环

近来，短视频平台已展现出非常强大的营销能力，尤其是那些互动氛围超强的短视频社区，凭借沉浸式的观看体验、真实的社交关系链背书、去中心化的传播模式、前置的互动转化路径，使用户的购买冲动得以全面释放。

为了提高品牌转化效率，短视频平台开始开发应用层产品，推出电商、POI、小程序等，创建全链路营销。以“企业号运营+广告曝光+话题营销+达人营销+电商转化”的营销模式为依托，品牌不仅可以实现大规模曝光，迅速提升产品热度，刺激用户产生购买冲动，还能通过电商组件打通吸引、体验、沉淀等环节，创建一站式内容营销闭环。

未来，随着越来越多的品牌入局，短视频营销领域必将出现更多经典案例。当下，品牌的首要任务就是探索短视频营销模式，紧抓这一机遇扩大自己的知名度与影响力，实现更好的发展。

第14章

# 品效合一：原生广告的流量转化

## 原生广告：广告即内容

随着信息传播载体不断改变，新的广告形式也将随之出现。品牌主发布广告就是为了加深用户对品牌的印象，获得用户认同，进而引导用户消费。传统的视频广告多为贴片广告，用户看到之后会主动关闭，拒绝接收广告信息，导致广告投放目标难以实现。

面对这一问题，短视频或许可以提供有效的解决方案。早在2017年，今日头条就在业界率先提出“广告即内容”的概念：现在的年轻人不喜欢看广告，都喜欢听故事，原生广告成为抢占用户眼球的捷径。以广告原生为导向，用内容构建营销生态，让品牌的每一次曝光都变得更加有效。所谓“原生广告”可以从三个层面理解，即内容原生、形式原生和意图原生，如图14-1所示。

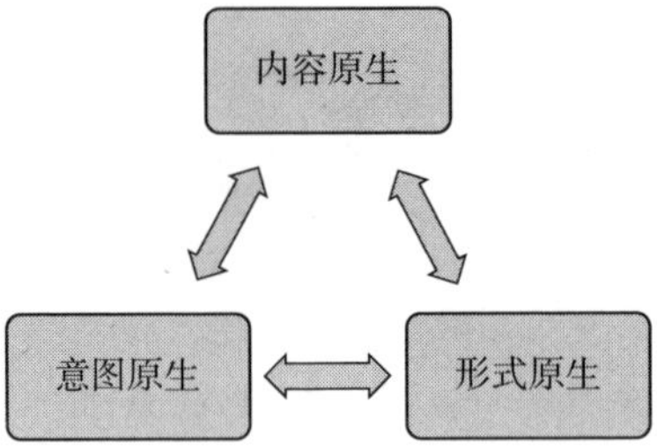


图14-1　原生广告的三个层面

### ◆内容原生

内容原生代表了内容变革。意思就是，短视频营销要将广告制作成短视频内容。因为短视频具有轻量化、碎片化的特点，所以制作成本较低。所以，对于广告主来说，将广告做成视频内容可操作性较强，而且很容易吸引用户，整体效果也比较好。

传统广告营销模式最大的缺点就是干扰性太强，很容易引起用户厌烦。目前，很多网络综艺节目都存在这一问题，整个节目掺杂了各种广告植入，给用户体验造成了严重不良影响，导致广告投放效果不佳。

国外研究人员曾做过一项调查，调查结果显示，76%的用户在视频广告上停留的时间不会超过10秒。但也有例外，如果视频广告与用户关系密切，而且内容质量较好，用户观看时长可能超过30秒，而且还能吸引用户参与，进一步提升广告投放效果，为广告主带来更多收益。

## 【满钇财务小剧场】短视频内容营销

为做好广告营销，满钇财务以短视频的形式做了一则广告，投放到抖音平台，取得了不错的传播效果，如图14-2所示。

| 满钇财务短视频内容设计 |
| --- |
| 短视频开始，老板坐在办公桌前处理公务，一名女员工站在旁边等待指示。<br>老板突然说："报一下。"<br>女员工听到这句话立即四处观望，并问道："啊？老板现在吗？"<br>老板头也不抬地说道："不是现在等什么时候啊？"<br>女员工一脸为难地说道："那，那来吧。"<br>说完，张开手臂。老板看到这一动作，立即拿起桌边放置的文件，怒其不争地说道："你想什么呢？我是说这个，给客户报税！"女员工恍然大悟，干笑了两声。<br>此时，镜头突然转向老板，老板一本正经地做起了广告："会计每月会对服务企业进行按时报税，逾期未报会影响企业征信，不能进行投标和贷款等事项。同时，税务机关还将按照每日万分之五的费用征收滞纳金。所以，任何一家公司都需要一个靠谱的会计为您保驾护航。"<br>短视频中的声音到此结束，但字幕尚未完结，在这之后还有一串电话"4000-676-008"。同时，老板说完最后一句话，将手边一个印着"满钇财务"字样的文件拿了起来，放在镜头正中央。<br>通过这则广告，公司及电话都得到了广泛传播，达到了广而告之的效果 |

图14-2 满钇财务小剧场

这就是内容原生的力量，先用女员工对老板“报一下”的误解吸引观众，然后用按时报税的专业知识留住观众，最后显露公司信息。如果不这样设计，而是像传统的硬广告一样做推广，无论广告词多么精妙，都很难达到这样的传播效果。另外，为了避免做硬广告之嫌，老板自始至终没有提及任何与公司有关的信息，只是将信息展示出来让受众自行观看。

### ◆形式原生

内容原生广告与植入广告不同，前者不会单纯地植入品牌，而是会围绕产品生产内容，将内容打造成广告。以内容原生为基础，第二步就是形式原生。也就是使内容与广告的界限逐渐模糊，从技术层面实现“广告即内容”。内容原生为相关性问题提供了有效的解决方案，形式原生的目标则是为了实现“拟态化”，通过模拟用户的阅读环境，将广告隐藏到用户的阅读体验中，防止广告第一眼被用户识别。

在传统媒介时代，在投放广告之前，品牌主通常会开展调查活动，但因为样本数量有限，所以调查结果往往无法反映真实情况。所以，进入Web时代之后，为了扩大广告的传播范围，品牌主不再定向推送广告，而是全渠道投放广告，导致弹窗、悬浮窗广告无处不在，市场环境过度商业化，用户对广告的容忍度大幅下降。

再加上，广告形态无法彻底改变，很容易被用户识别。用户在观看内容之前会将广告窗口关闭，导致广告传播效果不佳。所以，从这方面看，虽然传统形态的广告在整个市场中占比较大，但整体比较脆弱。

信息流广告是比较常见的形式原生，将广告融入信息，让广告成为内容的一部分。今日头条就以信息流为基础，向用户提供了两个点位，一是开屏，二是详情页，这些都是今日头条为应对日渐恶劣的广告市场所做的改变。

通过这种形式，广告可以吸引用户投入更多注意力。从这方面来看，形式原生广告就像“变色龙”一样，可以通过改变肤色应对周围环境的变化，保护自己，捕获猎物。也就是说，形式原生广告天生为恶劣的广告环境而生，不仅维护了自己作为广告的身份，还试图让用户感受到广告的价值。

### ◆意图原生

借助算法技术，意图原生可以成为现实。广告传播要想达到最佳效果，就要“找到对的人，说出对的话”。在分发决定生产的模式中，要想为用户推送其最想看的内容，最重要的就是要做好内容分发。而内容分发需要足够的数据支撑及强大的数据分析才能实现。只有通过对数据进行科学分析，才能找到直接面对用户的渠道，为目标用户提供其最需要的内容。

现阶段，技术算法在互联网内容资讯平台中发挥了越来越重要的作用，具体表现在：通过先进的算法可对用户需求进行深入挖掘，为用户推荐符合其需求的内容，实现内容的精准推送与分发。在技术驱动的营销新时代，分发体系与营销效果评估体系都发生了巨大变革。从目前的情况看，在短视频营销时代，基于对用户主动互动行为的数据分析，能够有效帮助企业对广告投放价值做出精准评估。

对于短视频营销来说，挖掘用户需求是关键。因为只有发现用户最深层次的需求，才能实现广告的精准投放，提高用户黏性。短视频广告投放的目标用户及用户需求都需要通过数据和算法进行挖掘。在这种情况下，短视频平台的营销效果就在很大程度上取决于技术驱动。技术驱动力越强，平台营销效果就越好。

目前，单向的信息传播效果越来越差，从某种程度上讲，人类社会已进入“无互动，不传播”时代，反复灌输式的广告传播方式不再适用。所以，在监测视频效果时，相关人员不能只监测视频的曝光度与转化率，还要对用户主动行为进行监测。

从整体来看，短视频营销内容的生产要紧抓优质原创内容，寻找最合适的分销渠道，对用户需求进行深入挖掘，通过内容吸引更多用户，增强用户黏性，获取用户主动行为数据，将其纳入广告投放效果评估体系，对短视频营销效果做出准确评估与衡量。

目前，Facebook、You tube等互联网企业都在努力探索短视频营销路径，并将短视频营销视为未来广告的新增长点。根据相关数据，相较于其他类型的媒体来说，短视频营销领域广告份额的增长速度要快很多。为了吸引更多广告主投放广告，Facebook对网站做了调整。

在国内，原生广告模式正在伴随短视频的发展而崛起，正处在流量红利期，吸引了新用户源源不断地涌入。许多短视频平台为了给用户提供更加优质的体验，促使广告营销从技术层面改进内容推荐。在内容分发上，企业对用户需求及偏好进行把握，根据用户兴趣进行内容推送，实施精细化营销。

## 产品种草：激发粉丝购买欲

目前，短视频营销已经成为企业营销的主流模式。很多品牌通过在抖音、快手等短视频平台进行营销推广，在提高品牌曝光量、增加产品销售等方面获得了良好的效果。通过对众多短视频营销案例进行分析，总结了五种主流的短视频营销玩法，即产品种草、短剧植入、才艺展示、综艺植入、知识分享。下面我们对“产品种草”这一营销策略进行具体分析。

所谓“产品种草”，是指通过和KOL合作，向目标用户推广产品或品牌。KOL是粉丝的代言人，让他们分享自己使用产品的实际体验，重点突出产品的某项核心卖点，能够有效激发粉丝的购买欲。产品种草可以分为以下四种，如图14–3所示。

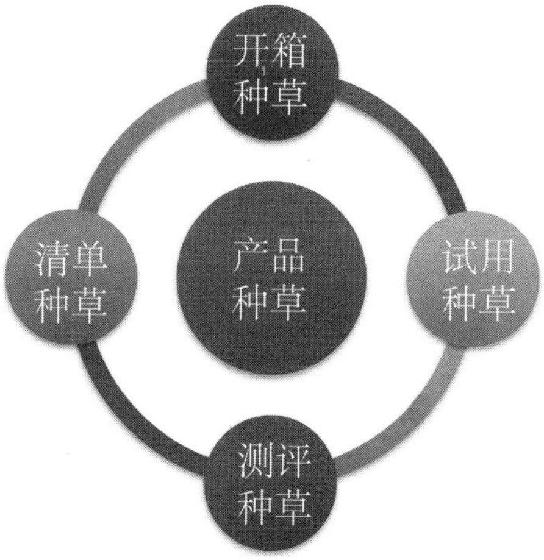


**图14–3 产品种草的四大类型**

- **开箱种草**：达人以产品用户的身份开箱体验产品，开箱种草又包括单品开箱和多品类开箱两类。开箱种草的一大特色在于，达人在此之前没有使用过该产品，存在一定悬念。如果短视频呈现出达人对产品的某项功能感到惊喜的内容，将极大地提高营销转化。

- **试用种草**：达人直接使用产品分享自己的实际感受，直观对比产品使用前后的状态等。试用种草又包括对比试用种草、仿妆试用种草、效果试用种草三类。

- **测评种草：** 通过可以被用户认可的测试方式，对产品的性能进行测试。同时，达人还要发挥自身的专业知识对测试结果进行点评，具体包括单品测评种草和类比测评种草两类。由于有真实、量化的测试数据，测评种草显得更专业。

- **清单种草：** 达人利用自身的专业知识向粉丝推荐多种品类的产品。将想要推荐的产品和其他高性价比的产品整合到一个清单中集中推荐，更有利于提高转化效果。

**【案例】安佳牛奶："一口新西兰"话题活动**

2019年10月21日，新西兰恒天然集团子品牌安佳发起了"一口新西兰"话题活动，并邀请多位头部短视频达人在各大短视频平台试用种草，如图14-4所示。新鲜刺激、好玩有趣的吃播短视频吸引了大量网民传播及评论，使安佳产品及品牌的曝光量得到了极大的提升。更关键的是，热度不断提升的"一口新西兰"话题活动，也为恒天然的"双十一"活动奠定了坚实的基础。

**图14-4 安佳"一口新西兰"话题活动**

为何此次活动能引爆抖音、快手、微视、梨视频等多个短视频平台呢？除了短视频达人自带流量、安佳品牌方的营销推广外，该活动所采用的试吃种草玩法也发挥了非常关键的作用。比如，知名美食博主大胃王朵一分享了自己挑战成都大龙燚火锅店极限爆辣锅底的短视频，在短视频中，朵一在成都大龙燚火锅店点了极限爆辣火锅汤底，并食用了大龙燚两周量的小米辣，让所有观众甚为震惊。

接着，朵一面不改色地玩起了拉丝，咬一口融合安佳马苏里拉芝士的芝士虾滑，几秒内拉出10厘米多的拉丝，超长的拉丝效果给屏幕前的观众留下了深刻印象。

那么，吃了这么多辣椒怎么解辣呢？朵一在视频中为观众提供了解辣秘方——喝安佳牛奶，因为牛奶中的酪蛋白可以与辣椒素结合，从而缓解辣椒的灼烧感。

美食博主桃白柏则以分享探店记录短视频的形式，为安佳芝士片种草。在短视频中，桃白柏向观众呈现了网红抖臀蛋糕的诞生过程。视频中，蛋糕师傅制作蛋糕的同时，介绍该蛋糕的关键配料——“安佳芝士片”：“西兰进口的安佳芝士片，它的奶酪成分很高，所以会有香醇和顺滑的口感，做出的蛋糕也是特别的香，一口下去会特别满足。”新鲜的蛋糕出炉后，桃白柏亲自试吃，当他掰开蛋糕的瞬间，芝士与蛋糕间的拉扯，让很多屏幕前的观众味蕾大动。

知名短视频达人的参与，使“一口新西兰”话题活动迅速引爆各大社交媒体，而安佳产品与品牌也成功借助这些短视频达人的美食挑战、美食制作过程记录等得到了广泛传播，再加上安佳产品的优良品质，最终吸引了大量用户购买与主动传播。

## 情景短剧：传递品牌的价值

短剧植入是一种营销人员根据自身产品与品牌特性，制作简短情景剧的短视频营销玩法。为了让用户产生情感共鸣，营销人员可以选择那些和消费者日常生活相关的场景，创作生活情景剧。此外，搞笑情景剧、情感情景剧、励志情景剧、穿越情景剧、职场情景剧等也是短剧植入可以采用的方式，如图14–5所示。

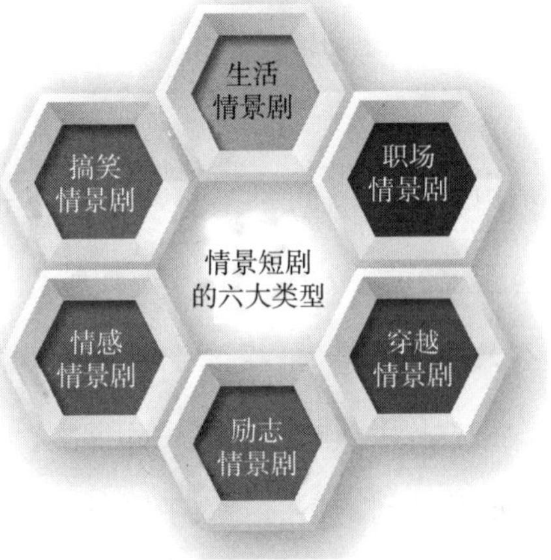


图14–5　情景短剧的六大类型

- **生活情景剧：**这种植入方式能够缩短和用户的距离，有亲切感，容易引发用户的互动行为。
- **搞笑情景剧：**以幽默、奇葩等风格对品牌进行呈现，是一种广受民众喜爱的泛娱乐化内容。

- **情感情景剧：**以亲情、友情、爱情等情感为媒介打动用户，可以让用户产生情感共鸣，从而达成营销目的。

- **励志情景剧：**通过创作传播正能量的故事，对品牌进行植入，能够为品牌建立良好形象。

- **穿越情景剧：**利用丰富的想象力为用户呈现一段不可能发生在日常生活中的剧情，来引导用户从不同视角认识事物，从而获得知识、快乐等。

- **职场情景剧：**通过呈现某一细分职业的工作日常片段，引发用户思考。

**【案例】招商银行《职场BATTLE故事》**

2018年12月，招商银行推出的职场轻喜剧《职场 BATTLE 故事》在社交媒体引发了广泛关注，如图14-6所示。该剧是招商银行职场轻喜剧《奇葩同事》姊妹篇，共有10集，于12月17日至21日在《招行微刊》微信公众号、招商银行App、招商银行官方抖音号同步更新，每日2集。

图14-6 招商银行《职场BATTLE故事》

《职场 BATTLE 故事》以诙谐幽默的方式展现了耿直青年吴大有与堪称“完美先生”的公司新同事赵小龙之间的职场故事，以“职场没有捷径，但可以有帮手”为主题，呈现了都市白领的职场竞争、感情生活、自我提升、同事友谊等。

该短剧每一集都契合主题，但又都是独立的故事，而且在故事剧情中会植入招商银行App，展现招商银行App的特殊功能。为了确保用户体验，该短剧没有硬性植入，而是将招商银行App作为推动剧情发展的关键道具融入故事，也呼应了主题中提到的职场“帮手”。

比如，第四集，开头先抛出一个职场常见问题——“领导的难题，谁来柔软化解？”之后描述了吴大有和赵小龙同时听到领导打电话着急用钱后的不同处理策略，吴大有的处理方式是直接借钱给领导，领导认为这不合适，而赵小龙则是向领导推荐了招商银行App中的借钱功能，接着领导仅用几秒钟便解决了问题。赵小龙在招商银行App的帮助下成功帮助领导解决难题，给领导留下良好印象，而吴大有只能无奈叹气。

招商银行的《职场 BATTLE 故事》短剧为何能够成功，它究竟有何独到之处呢？

### ◆草根化选角，更接地气

很多品牌特别是知名品牌在开展短视频营销时，往往选择与自带流量的明星达人合作，但招商银行并没有这么做，明星达人固然有流量，但招商银行的目的是向普通消费者推广招商银行App，既然目标用户是普通大众，就更需要平民化、接地气，选择明星达人反而会让观众产生距离感。

**◆融入生活场景**

该短剧呈现了理财社区观点差异、二维码支付过闸、移动支付创造便民生活、帮助客户订电影票等剧情，而剧中的人物正是借助“招商银行App”这个绝佳帮手解决问题。这使招商银行App融入到各种生活场景中，植入巧妙、自然，在观众心中留下了深刻印象。

**◆产品道具化**

很多品牌在短视频情景短剧中植入产品时，通常是在影片播放到4/5时才植入产品，以防止引发用户的反感。但招商银行并没有这样。在设计剧情时，它将产品设计成了该剧的重要道具，使其设计成为剧情的一部分，直接影响剧情走向与剧中人物命运，实现了“广告即内容”的良好效果。

## 才艺技能：提高产品转化率

才艺技能短视频营销模式是指营销人员在展现某种才艺的短视频中进行产品或品牌植入，很容易得到有相同爱好的用户的认可。音乐、舞蹈、专业技能、解说四大类才艺在短视频营销中表现效果颇为良好，如图14-7所示。

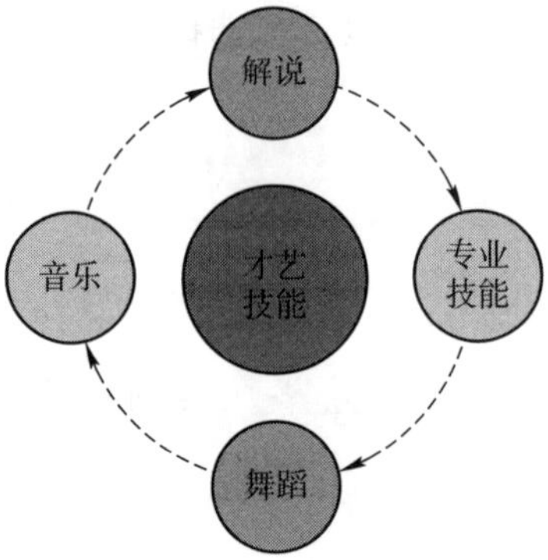


**图14–7　才艺技能的四大类型**

第一，音乐。音乐可以是原创的，也可以是二次创新的。音乐歌词、画面等都可以进行品牌植入。不同调性的品牌可以选择不同风格的音乐，比如母婴品牌可以选择柔美、宁静的音乐，让用户产生被关怀与呵护的感觉。

第二，舞蹈。舞蹈类型多元，受众群体广泛，营销人员可以选择街舞、手指舞、广场舞等多种形式对品牌进行传播，具体可以在舞蹈主题、舞蹈动作、背景音乐等模块中实现品牌露出。

第三，专业技能。专业技能在展现生活小技巧、文艺技能、工作技能等技能的短视频中对品牌进行传播。由于这类短视频向人们分享了某种有用的技能，用户对其广告行为的接受度较高，在营销转化方面表现较好。

第四，解说。解说通过在为电影、足球赛事、游戏进行解说的短视频中进行品牌传播，将品牌在解说词、道具、背景中呈现出来。

**【满钇财务小剧场】才艺展示的短视频**

京剧是我国的艺术瑰宝，《急急风》更是人们耳熟能详的一段锣鼓点，即便是从不听戏之人，对这段锣鼓点也丝毫不会感到陌生。铿锵有力的鼓声响起，表示有重要人物入场。满钇财务就用这段典型的京剧锣鼓点创作了一段短视频，如图14-8所示。

| 满钇财务短视频内容设计 |
| --- |
| 鼓声响起，一位女员工手持一面旗碎步入场，几个简单的身段动作亮相，将旗子横在身侧，“满钇财务”“舞林高手”八个大字赫然呈现在人们眼前。<br>在京剧中，旗是非常重要的一个道具。京剧使用的旗五花八门，跃虎旗、八卦旗、大纛旗、七星旗、探子旗、车旗、水旗、标旗、黑门旗、红门旗等，每种旗子因形状、颜色、图案、尺寸不同，作用也各不相同。满钇财务的这段短视频非常巧妙地以旗为道具，将“广告语”绘在旗上，配合京剧的身段动作将广告展现在观众面前。<br>除了这面旗子之外，整段短视频还有一个品牌植入，就是短视频的背景，上面写着“满钇众创，构建财税行业生态链”。一段短视频实现两次品牌植入，极大地体现了短视频创作人员的巧思 |

图14-8 满钇财务小剧场

其实，这个品牌植入的逻辑非常简单，也比较容易实现。只要请一位有才艺的员工站在公司广告牌前面表演即可。这个才艺既可以是唱歌、跳舞，还可以是表演、说相声等，只要能够吸引观众，让观众驻足观看，就能实现品牌宣传。

## 娱乐综艺：收割用户好感度

娱乐综艺短视频营销模式是指在目标用户追捧的真人秀、脱口秀等综艺节目短视频中对品牌进行传播。综艺节目本身有较强的娱乐性、话题性，比较容易提升品牌曝光量。以下四种综艺植入方式在实践中产生了较好的表现，如图14–9所示。

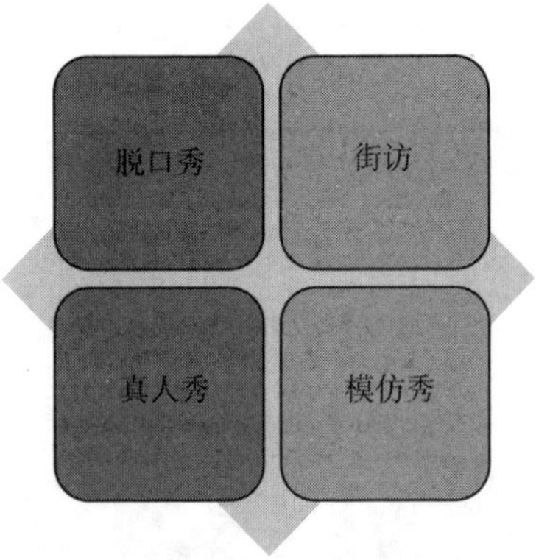


图14–9 娱乐综艺的四种类型

- **脱口秀**：让短视频中的表演者以相声、小品、吐槽等形式，对某个事件进行解读、吐槽、模仿等。可以和热点话题相结合。这种方式表现形式比较多元，内容题材丰富，品牌推广效果极佳。
- **街访**：在城市街头就某个问题进行采访，并在话筒、服装、问题等方面植入品牌。街访活动本身有趣味性、新鲜感、真实感，借助其进行品牌植入，可以有效提高品牌曝光量。

- **真人秀：**真人秀植入是让短视频中的表演者按照一定的规则，来完成某种指定行为，可以通过表演者的服装、使用的道具等进行品牌展示。真人秀具有纪实性、冲突性、游戏性，迎合了人们的猎奇心、窥私欲、求知欲等需求。游戏、3C数码品牌往往比较适合真人秀植入。

- **模仿秀：**短视频中的表演者模仿音乐、舞蹈，或某个明星的肢体语言、声音、表情等。模仿植入可以以表演为主，也可以以娱乐为主，在带给观众快乐的同时，也能实现品牌曝光。

### 【案例】荣耀8X冠名西瓜视频微综艺《我和哥哥们》

2018年10月，西瓜视频与亚歌文化联合出品偶像真人秀微综艺《我和哥哥们》。该剧由当红流量明星钱正昊担任主持人，同时邀请了多位《偶像练习生》中有较高人气的新人参与，帮助钱正昊完成18岁心愿清单。

该微综艺上线后，立即引发了大量网民的传播分享，总播放量超过4600万人次。作为该节目的总冠名方，华为荣耀将荣耀8X系列手机完美地植入其中，堪称娱乐综艺类短视频品牌营销的典范。该综艺节目共有5期，每期5～8分钟不等，节目片头、片尾都会对荣耀8X手机进行植入。其中，片头通过主持人钱正昊介绍显露品牌信息，“欢迎来到由荣耀8X冠名播出的《我和哥哥们》……”；片尾则是钱正昊拿出荣耀8X手机在心愿完成后打卡。每期都是如此，就像一种仪式，使荣耀8X在观众心中留下了深刻印象，如图14-10所示。

**图14-10　荣耀8X冠名西瓜视频综艺节目《我和哥哥们》**

同时，钱正昊还在节目中使用荣耀8X手机与哥哥们连线，向用户展现了荣耀8X手机的高占屏比、配备高性能AI芯片等优势。在钱正昊完成高原自驾心愿时，出行前，他使用荣耀8X手机定制行程，在自驾游过程中又用该手机查询路线，从而体现出荣耀8X手机支持行程定制、高续航等优势，是人们旅途中的好助手。

完成心愿时，钱正昊会拿出荣耀8X手机和哥哥们合影留念，用高清晰照片留住圆梦瞬间，充分展现出了荣耀8X手机强大的拍照功能。

此外，荣耀8X还通过花式口播、创意角标、创意中插等方式在剧中曝光。和传统品牌广告相比，荣耀8X实现了和综艺节目的完美融合，植入自然。同时，荣耀8X手机成为综艺节目中的一个道具，在节目剧情推进过程中，荣耀8X手机的材质、硬件、性能等得到充分体现。

通过对荣耀8X手机植入微综艺《我和哥哥们》的案例进行分析可以发现，这个微综艺的很多内容都是为荣耀8X手机量身定制的，产品与品牌是整体内容的重要组成部分。此次尝试不仅帮荣耀做了一次非常成功的营销推广活动，也是西瓜视频在短视频变现方面的有益尝试。毋庸置疑的是，未来，西瓜视频将会和更多品牌探索短视频变现的创意玩法，为广大用户输出高质量短视频内容，为优质创作者提供丰富多元的变现渠道，更为整个短视频行业的发展与完善贡献能量。

## 知识分享：内容引流与带货

移动互联网、5G等技术的快速发展，为信息知识的生产、传播及消费带来了诸多便利，生产者可以借助短视频平台等内容渠道将有用的信息高效、低成本地提供给需求者，帮助他们拓宽视野、完善自我等，而消费者也乐于在观看好玩有趣的短视频中学习借鉴各种生活小妙招、专业技能、职场经验等。在这种背景下，知识分享类短视频营销受到了越来越多企业的关注。

从本质上看，知识分享类短视频营销是以短视频为载体，将产品或品牌植入有较高价值的信息知识内容中，让目标用户在获取知识过程中对产品或品牌留下深刻印象，进而引发消费购买、口碑传播等行为的营销模式。

从用户心理角度来看，每个人都渴望不断提升自我，以便获得更高的经济收入与社会地位，享受更高质量的生活，实现人生理想。所以，人的内心深处有非常强烈的求知欲。而短视频是一种广受大众认可的内容形式，是人们获取信息知识的重要渠道。

知识是一个很宽泛的概念，广博宏大，包罗万象，这就为营销人员提供了自由发挥的空间。他们可在短视频中分享各个领域的专业知识、技巧、经验等，但这并不意味着营销人员可以随性发挥。从营销角度来看，衡量短视频知识价值的主动权在广大用户手中，如果用户对短视频中的知识不感兴趣或者无法理解，短视频就是毫无意义的。

在分享知识的过程中完成产品与品牌的曝光，吸引用户消费购买，在用户心中建立品牌认知，是知识分享类短视频营销的最终目标。从诸多案例来看，目前，知识分享类短视频营销主要包括以下几种类型，如图14-11所示。

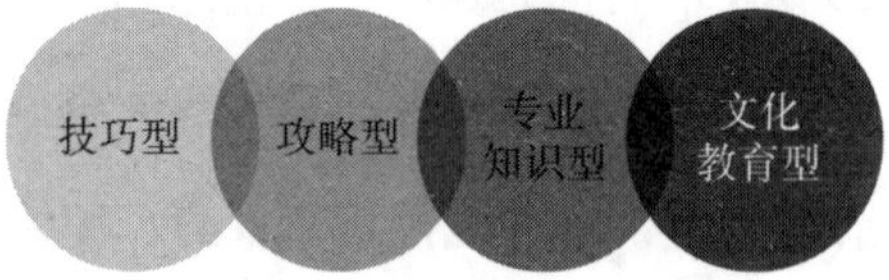


**图14-11　知识分享类短视频**

- **技巧型：**这类营销模式主要是在短视频中分享生活与工作技巧，并将产品作为一种道具展示出来，比如短视频中分享了如何提高办公效率的技巧，而使用某个办公软件正是提高办公效率的有效手段，部分观众看到这条短视频后，可能会下载并使用该软件。

● **攻略型**：这类营销模式主要是在短视频中分享各种攻略，比如旅游攻略、游戏攻略、购物攻略等，并将产品或品牌植入其中，从而提高其销量与知名度。

● **专业知识型**：这类营销模式通常是某个KOL分享自身的知识与经验，并向观众种草某产品或品牌。

● **文化教育型**：这类营销模式通常是由名人专家进行知识讲座，在输出知识的同时完成产品或品牌的曝光。

**【攻略型知识分享】快手达人周天送：导游达人的创业之旅**

2018年7月31日，快手联合张家界举办了主题为“打开快手，发现张家界”的新闻发布会，26岁的周天送作为张家界导游代表上台演讲。周天送是土生土长的张家界人，熟悉的人亲切地称他为“周导”，这是对他热情周到、专业细致的导游服务的充分肯定。

不过，周天送的职业生涯并非始于导游。13岁时，他来到武陵源一家餐馆当学徒，月工资200元，希望能掌握一门谋生的技能。但不久之后他选择了辞职，在做了砍芦苇、架高压线、加工模具等诸多工作之后，终于在亲戚的帮助下，在家乡的一个旅行社做起了导游。由于工作勤勤恳恳，周天送经过几年的历练后，逐渐在当地导游界站稳了脚跟。

2017年早春，张家界已经被雪覆盖，松枝上挂满了晶莹剔透的树挂（雾凇），周天送带客人时被眼前的美景吸引，拍摄了一段短视频并分享到了快手平台。一两个小时，这条短视频播放量达到了31万人次，周天送也凭这段短视频获得了5000个粉丝。很多人向他发私信，询问张家界旅游适合玩几天、行程怎么设计等，有的人则希望他能担任他们的导游，如图14-12所示。

**图14-12　快手达人周天送**

小小的短视频能爆发出这么大的能量，让周天送大为震动。以前他的客人主要是靠亲戚朋友引荐，经常面临订单不足的问题。受此启发，他开始以导游的身份在快手分享各种旅游攻略，比如年轻人怎么玩、一人行怎么玩、带老人和小孩有哪些注意事项、有哪些值得买的纪念品、怎么错开人流高峰、怎么体验玻璃栈道、怎么体验漂流船等。

随着快手粉丝量越来越多，他的订单量也迅速提升，月订单从以前的七八单增长到了几十单甚至上百单，已经超出了他的接单能力。不久之后，周天送从原来的旅行社辞职，在朋友的帮助下成立了“湘愉行”旅游服务公司，完成了从一名小导游到公司老板的蜕变。

人们选择外出旅游的目的主要是放松、享受，但传统旅游单调、枯燥的模式与玩法，严重影响了人们的旅游体验。周天送充分发挥自身的专业优势，以活泼生动的短视频为目标用户提供景点、饮食、住宿、交通等各方面的旅游攻略，让用户玩得放心、玩得快乐。在这些条件都满足之后，粉丝量与订单量的双重增长就成了一件很自然的事情。

第 15 章

# 电商变现：将流量转化为购买力

## 短视频电商崛起的底层逻辑

广西钦州市灵山县三海镇苏屋塘村的甘友琴原本只是一个普普通通的务工者，孩子出生不久就外出打工，长年的分别让她对孩子充满了愧疚。为了能够陪伴孩子成长，不让孩子做留守儿童，在孩子上学之后，甘友琴回到家乡种植果树。

2017年，短视频平台快速发展，甘友琴在家人的鼓励下在西瓜视频注册了一个账号，网名“巧妇九妹”，如图15–1所示。

图15-1 巧妇九妹的西瓜视频账号

2017年5月19日，“巧妇九妹”上传了第一条短视频——制作肉蛋挞。因为是第一次面对镜头拍摄，甘友琴非常紧张，说话磕磕绊绊，一段视频拍摄了五六遍。从这天开始，甘友琴开始了自己的达人之路。从拍摄制作美食的短视频到介绍自己的家乡，再到开网店销售家乡特产，带动家乡的经济发展，甘友琴成功地改变了自己的人生。

目前，在西瓜视频，“巧妇九妹”的粉丝量超过了350万；在今日头条，“巧妇九妹”的粉丝规模突破了100万。对于甘友琴来说，这些流量就是最宝贵的资源。2018年夏天，隔壁安金村的芒果大丰收，却因连降暴雨无人收购。村民找到甘友琴，请她帮忙推销芒果。第二天，甘友琴就到了安金村，拍摄了一段短视频，向粉丝展示安金村的芒果品质和当地的青山绿水，仅一晚就售出15万斤芒果，解了安金村的燃眉之急。

甘友琴不仅是短视频达人，还是首批与今日头条签约的“三农合伙人”之一，接受《焦点访谈》的栏目专访，做客江苏卫视《美好时代》，获得农业农村部副部长屈冬玉的点名表扬，被评选为2018年度十大三农人物。在这些成就的激励下，甘友琴立志帮助农民销售更多农产品，帮助更多家庭过上幸福生活。

目前，短视频社交电商已成为短视频平台最有效的变现手段之一，也是电商平台最好的引流方式之一。相较于图文来说，用短视频展示产品更直观、更生动、更有吸引力。比如，人们可以利用短视频展示产品的某一功能，放大产品的某些优点，围绕产品策划一些有趣的内容，将产品植入某个场景，增强受众对产品的记忆，激发受众对产品的兴趣，开展口碑营销。

目前，短视频与电商的结合正在引领新的消费方向。短视频平台与电商平台都推出了边看边买模式，短视频带货逐渐流行。作为一种通用的内容载体，以短视频为代表的可视化商业链将逐渐形成。除电商外，未来，内容垂直度更高的短视频将逐渐与其他业态融合，向旅游、餐饮等领域拓展，颠覆许多行业现有的运营模式，创造出巨大的商业价值。那么，短视频电商崛起的底层逻辑是什么呢？我们可以从以下几个方面来概括，如图15-2所示。

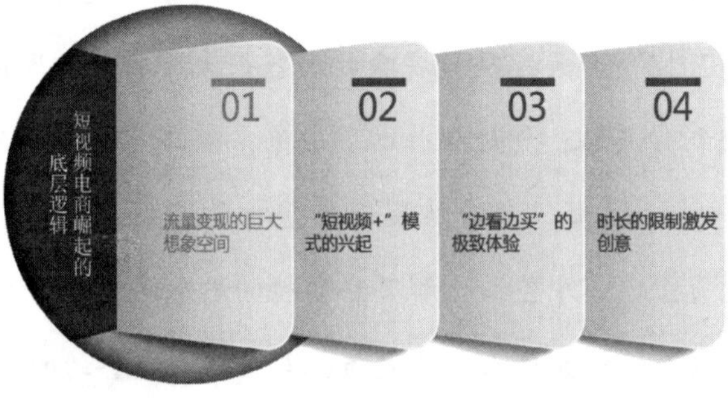


图15-2　短视频电商崛起的底层逻辑

### ◆流量变现的巨大想象空间

作为更加符合网络用户触媒习惯的一种内容形式，短视频在内容与功能方面拥有巨大的想象空间。首先，在内容方面，短视频可呈现的内容非常多，自然风光、特色美食、可爱的动物、漂亮的人、有趣的风俗等，这些内容都可以通过短视频呈现出来，带给观众更直观、更生动的体验。其次，在功能方面，短视频的功能非常强大，不仅可以通过评论、弹幕等与观众交流，拉近彼此间的距离，还能连接到电商平台，销售商品，完成流量变现。

### ◆“短视频+”模式的兴起

因为各互联网平台的产品功能、用户群体不同，短视频内嵌需求存在较大差异，给“短视频+”提供了良好的生长环境。各行各业都想在短视频领域布局，享受短视频带来的流量红利，所以不断尝试“短视频+”的新玩法。在这种情况下，短视频玩法不断创新，并与各种业态相融合。

### ◆“边看边买”的极致体验

过去，我们了解一种产品只能浏览图文信息，有些产品介绍图文并茂，可以帮助我们更好地理解产品的功能与价值，有些产品介绍枯燥无趣，看完之后完全不知所云。而且人看到图文内容之后需要将这些信息传递到大脑进行处理，整个过程耗费的时间比较长。而短视频是一种声画一体的内容表现形态，主播会像商场的导购一样讲解产品信息，并利用画面辅助讲解，带给观众更好的听觉、视觉体验，更容易引发共鸣。

**◆时长的限制激发创意**

短视频的特点就是短而精，短则十几秒，长则几分钟、十几分钟。要想在如此短的时间内吸引用户注意，短视频的节奏必须很快，要将产品的卖点提炼出来，串在一起，反复重复，而且要富有创意，加深用户对产品的记忆，让用户在产生类似需求时可以率先想到自己推荐的产品。

## 短视频电商发展现状与趋势

2019年8月，国务院办公厅印发《关于促进平台经济规范健康发展的指导意见》肯定了短视频社交电商的发展态势。短视频与电商的融合，正在引领新的消费方向。如今，快手、阿里巴巴、拼多多等短视频和电商平台纷纷推出“边看边买”等模式，利用短视频“带货”变现。有业内人士指出，作为最通用的内容载体，以短视频为代表的可视化商业链接将成为趋势。

**◆电商布局：短视频迎来变现风口**

众所周知，短视频是近两年来互联网领域风头最为强劲的风口之一，带火了一波社交平台、信息推荐平台、短视频平台及内容创业者。如今，电商平台的活跃度、流量增长以及用户黏性，可能也需要短视频来带动了。

淘宝是这波电商短视频营销的主力推动者，短视频成了平台大力扶持的对象。从2017年7月1日起，淘宝所有商家视频播放消耗的流量免费。打开手机淘宝App可以发现，目前，短视频已经覆盖手机淘宝首页大概60%的渠道，包括有好货、每日好店、必买清单、爱逛街、生活研究所等，更多渠道在逐步解锁之中。即便在店铺的私域流量里，像宝贝头图、详情页、店铺首页、微淘等，原先的图文内容也逐步被短视频替代。淘宝短视频电商如图15-3所示。

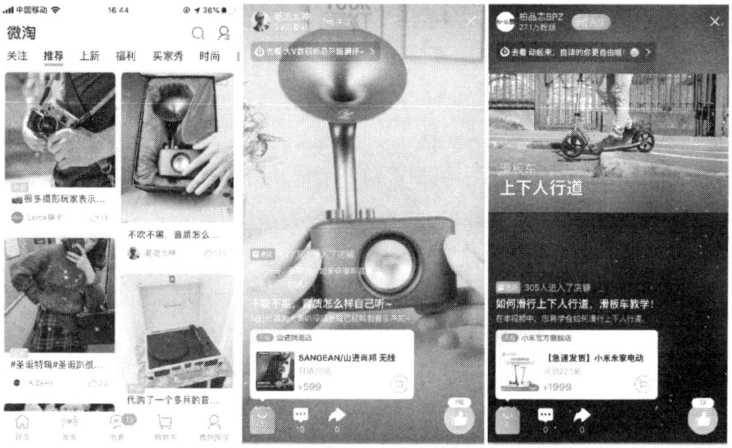


图15-3 淘宝短视频电商

手机淘宝推出的“店铺二楼”，这个新空间就是为了承载品牌脑洞大开的内容，比如短视频、VR互动等。从数据看，有了店铺二楼功能后，消费者在店铺的平均停留时长增长了1倍。

京东在短视频营销上，也呈现出了积极的攻势。2017年“618全民购物节”，京东联手百度视频，开启短视频电商营销创新玩儿法。消费者可以直接感受到人工智能、大数据、短视频在商品推荐、数据服务上的各种应用。

事实上，并不仅仅是阿里、京东等电商巨头加入了内容电商大战，唯品会、网易考拉海购、网易严选等都逐渐向内容化靠拢，不少App单独设置一个频道，包含但不限于图文资讯、短视频、直播等内容，打造基于内容的产品销售。

### ◆短视频电商的三种模式

那么，商家怎样才能做好短视频电商营销呢？下面我们来介绍短视频电商的三种模式，如图15-4所示。

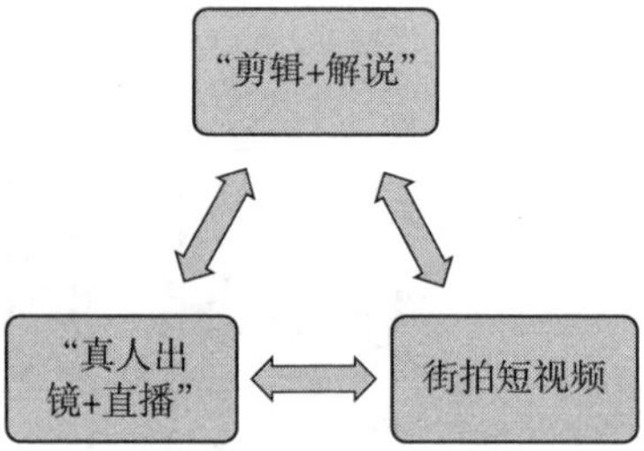


图15-4　短视频电商的三种模式

●“剪辑+解说”：短视频制作团队利用互联网搜索所需素材，进行二次加工，配上语音解说，形成“原创”短视频，与淘宝等平台上的产品创建链接，然后分发到各个平台赚取佣金。这种模式非常简单，制作人只需掌握基本的剪辑、配音技能即可，一个人可以同时运营2～3个账号。

●街拍短视频：街拍短视频非常适合用来销售服装、鞋子、包包等产品，时尚靓丽的街拍模特具有强大的传播力，可以瞬间打造一个爆款产品，只要产品背后的供应链足够强大，一条爆款短视频可以为商家带来几千、几万个订单。

●“真人出镜+直播”：这种模式对内容要求比较高，需要主播有良好的口才与表现力。这种带货模式成本较高，但只要积累了足够的粉丝，带货能力就会变得十分强大。

短视频社交电商带货模式有很多，商家要根据自己的实际情况选择合适的模式，拍摄类型相符的短视频，用最低的费用取得最好的效果。

**◆短视频电商的用户群体分析**

短视频电商用户以“80后”到“95后”为主，平均年龄27.8岁，并且短视频电商男性用户偏高，占比57%。短视频电商用户三大爱好是社交、购物、看视频。在地域分布上，一二线城市的用户占比63.7%，这个地域的人群的消费能力较强，短视频电商发展较为迅速。具体如图15-5所示。

图15-5 短视频电商用户画像

**◆短视频电商的品类分析**

短视频电商产品类型占比情况中，服饰、日化用品、食品饮料占比最高，分别为19%、18%、15%。其中，KOL是促进这些产品转化的关键因素。短视频电商主要依靠KOL粉丝转化，最能推动服装、休闲零食、美妆等产品转化。具体如图15-6所示。

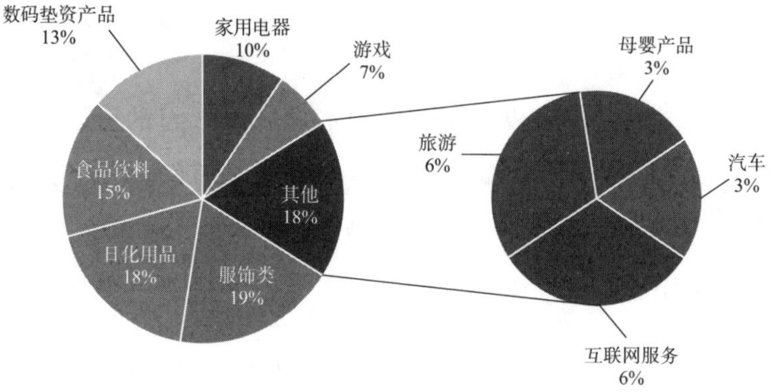


**图15-6 短视频电商产品类型占比情况**

随着电商市场的竞争日渐激烈，平台的获客成本越来越高，各大电商平台亟须拓展获客渠道。除了“新零售”的线下布局之外，短视频因其天然的强娱乐性和话题性，能快速吸引眼球，从而成为新的力量入口。因此，2019年短视频以及短视频电商行业用户规模仍将保持稳定增长态势。

短视频内容的流量爆发，让电商平台看到了新一轮的风口，纷纷将其视为新的导购神器，并开始发力自身的短视频化。但短视频电商仍面临供应链、内容生态等发展困境，未来将向受众多元化、内容多元化、主播多元化、形式多元化的方向发展。

## 短视频电商的运营实战技巧

目前，短视频已成为最大的流量入口之一，引起了电商行业的广泛关注。电商拥有相对完善、成熟的商品供应链，二者合作拓展各自的商业边界，看起来是顺理成章、水到渠成的事情。

第一，短视频平台可以利用内容播放页与详情页打造一个内嵌的商品橱窗，将商品展示给平台用户，引导用户购买。通过这种方式，无论是短视频平台，还是短视频平台上的内容创作者，都获得了一个全新的营收渠道。

第二，对于电商来说，与短视频平台合作，可以获得一个全新的流量渠道。在短视频这个主流媒介的辅助下，电商正在快速淘汰图文等传统的内容宣传方式，利用更鲜活的形式展示商品，促成交易。

目前，无论淘宝、天猫还是其他电商平台，都在努力推广短视频，充分证明了短视频在推销引流方面的价值与潜力。比如，短视频内容可以延长用户停留时长，提高转化率，在美妆、玩具、家居等领域表现极好。那么，对于电商企业来说，如何制作短视频才能打动用户，激发用户的购买热情呢？具体如图15–7所示。

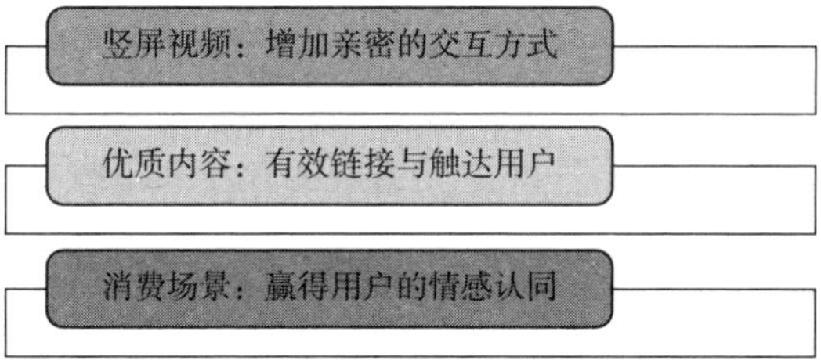


图15–7 短视频电商的运营技巧

### ◆竖屏视频：增加亲密的交互方式

过去，电商平台都以横屏模式展示视频，无论视觉体验，还是展示效果都不是很好。而竖版视频不仅可以通过对叙事方式进行重塑打动受众，凸显视频中的人物，带给观众沉浸式的观看体验，拉近与观众的距离，密切与观众的关系，还能将商品细节、使用步骤、使用方法展示出来，让观众更直观、更全面地了解商品。

据了解，相较于横屏视频广告来说，全屏竖屏视频广告的完播率要高9倍。相较于同类平台来说，全屏竖屏视频广告的视觉注意力要高2倍。手机淘宝首次推出的“淘宝二楼”采用的就是竖屏视频。《一千零一夜》这款短视频节目曾引起巨大反响，以鲅鱼水饺为例，节目播出一天后，这款产品的销量翻了150倍，足以证明短视频的转化能力。

### ◆优质内容：有效连接与触达用户

在运营实践中，短视频电商怎样才能与用户产生有效连接与触达？怎样才能激发用户的购买行为呢？

首先，短视频电商要想对用户形成有效连接与触达，必须创建一个以内容为核心的消费场景。随着互联网不断发展，媒介、信息层出不穷。越来越多的信息充斥个体空间，就会引发“墙纸效应”。当一个房间铺满400平方英尺的墙纸时，不会有人注意到墙纸的存在。也就是说，如果个体空间充斥着大量信息，人们会本能地对这些信息视而不见。

对于短视频来说，丰富的内容表现形式是其与生俱来的优势。在这个基础上，如果短视频电商能够做到“投用户所好”，围绕用户的兴趣、偏好生产内容，就可以在激发用户购买兴趣的同时，提升营销的成功率了。

### ◆消费场景：赢得用户的情感认同

互联网时代的电商营销，挖掘消费场景非常重要。随着用户越来越注重体验式营销，商家要想吸引目标用户，带给目标用户独特的体验，必须对消费场景进行巧妙构思与渲染，与用户建立情感连接，达成价值共识。

基于上述考虑，在内容方面，短视频平台必须因时制宜，通过巧妙设计融入一些互动式的消费场景，带给用户沉浸式的购物体验，让用户进入精神高度专注、不受外界干扰、体验最佳的无意识状态。在这种状态中，用户会产生与内容系统建立强连接的强烈意愿，这种强连接不仅会引发更多层面的传播，还有可能将潜在的消费行为转化为现实。众所周知，在短视频内容驱动与消费场景的影响下，用户很难在进行消费决策时保持理性，也正是因为消费冲动的存在，短视频与电商才有了合作的可能。

具体来讲就是，短视频平台先利用大数据技术对内容进行筛选，将经过筛选的视频呈现给用户，这是将用户注意力转化为购买力的关键一步。同时，短视频平台要给用户打造一个理想化的消费场景，刺激用户产生购买冲动。而短视频平台的视频识别、产品匹配、同界面跳转、支付等功能则为这种购买冲动的真实发生提供了强有力的技术保障。

众所周知，在现实生活中，亲朋好友的推荐、用户评论最容易对消费者的购买行为产生影响。对于用户来说，他们最希望看到的就是有过购买经历的用户的真实评价。所以，短视频内容生产者在为品牌制作短视频时，最好融入真实的人物、故事与情感，将所有内容、情绪直观地传达出去，深深印刻在用户的脑海中。

因为随着信息越来越多，时间越来越碎片化，用户的注意力也越来越分散。品牌与内容要想吸引用户注意，必须击中用户内心，切实打动用户。同时，商家要想方设法将产品或品牌融入视频内容，并保证内容对用户具有足够的吸引力。

总而言之，短视频与电商的结合使电商的营销方向发生了巨大改变，从目的营销转变为内容营销，图文+直播+短视频成为一种全新的营销方式，品牌的营销方式也从刺激消费者感官转变为获得消费者的情感认同。

## 内容创作者的电商实践法则

近几年，除了传统的电商平台及微信小程序之外，一些头部达人将目光转向了短视频平台，开始利用短视频销售商品。观众可通过内容播放页或详情页跳转至电商平台，还可以利用平台内嵌的商品橱窗下单购买，给达人带来一定的收益。

目前，短视频平台与电商的合作模式比较单一，即短视频平台搭建电商框架，电商平台负责供应链。对于腰部及其以下的短视频创作者来说，短视频平台与电商平台的这种合作，不仅降低了变现门槛，还将为用户营造的消费场景的价值最大化。

只不过，对于消费者来说，在短视频平台购买商品与在电商平台购买商品是两种截然不同的模式。消费者在短视频平台购买产品的原因主要有两个，一是内容与产品深度融合，二是用户出于对内容创作者的喜爱与支持下单购买。

但对于以娱乐社交属性占领市场的短视频平台来说，如果这种商业交易行为不断增多，必将使用户体验变差，导致用户不断流失。同理，对于电商平台来说，如果内容过多，就会使消费者的购物流程变得烦琐，也会给消费者的购物体验造成不良影响。所以，短视频平台如何与电商平台结合，以怎样的方式结合，结合到什么程度，都是需要不断思考、不断探索的问题。

### ◆什么样的短视频内容适合做电商？

从内容特性来看，测评类内容的受众往往有比较明确的消费目的，对产品要求较高；休闲类内容的受众则比较随意，没有特别严苛的参考标准，消费、购物就是为了获得快乐。

在各个垂直的商品类目中，轻资产的测评内容都可以选择电商平台变现，比如美妆、生活、科技等，其中美妆类目的变现目的最强。目前，很多美妆达人都开设了自己的店铺，张沫凡、Benny董子初、俊平大魔王等美妆达人都推出了自己的品牌。美妆类淘宝店铺如图15-8所示。

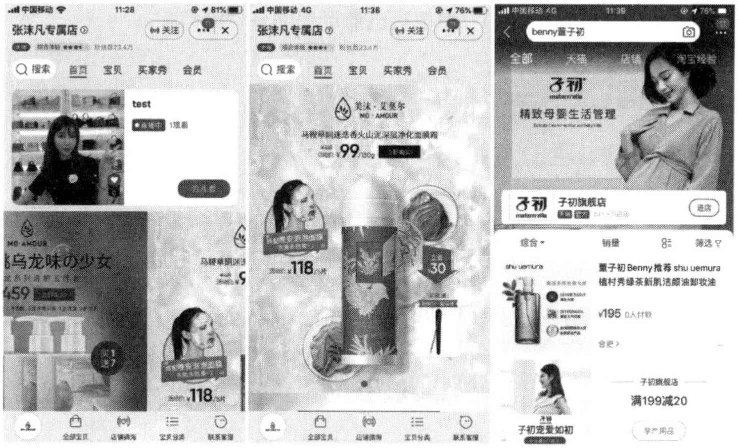


图15-8 美妆类淘宝店铺

休闲类内容可拓展的领域比较广，比如美食、搞笑、影剧评等，可以销售一些适用于这些场景的产品，比如零食、日用品、小家电等。比如，Bigger研究所是一个专门研究生活方式的博主，销售的便携式小火锅、红油豆皮等方便食品备受消费者喜爱，美食博主李子柒更是借助短视频积累了千万级的粉丝，成功地打造了个人IP，推出了个人品牌。

### ◆内容创作者如何切入短视频电商？

确定经营范围之后，短视频创作者要解决一个关键问题，就是如何保持良性稳定的收入。对于内容创作者而言，开展短视频电商可以采取以下两个策略，如图15-9所示。

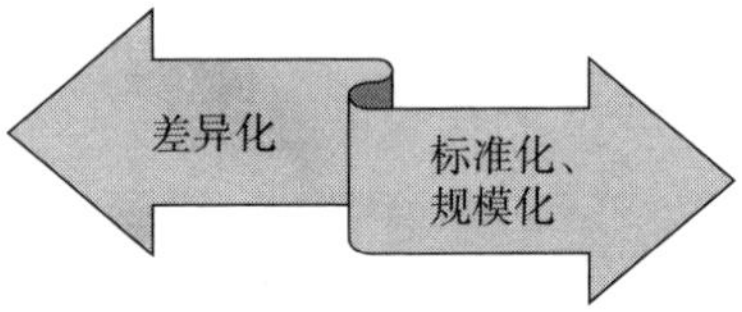


图15-9　短视频电商运营的两种策略

（1）差异化

短视频创作者要想形成差异化竞争优势，大致可以从两个方面着手：一是创建自己的个人IP品牌，比如李子柒；二是创建代表生活方式的品牌，比如“一条”。

前者就是基于达人的影响力创建品牌，以IP名为品牌名，以达人为品牌背书，这种模式其实更像粉丝经济。普通用户受短视频内容的吸引成为达人的粉丝，进而成为产生实际购买行为的用户。实践证明，只要IP足够打动人心，他们就能爆发出巨大的影响力。以李子柒为例，李子柒凭借短视频积累了千万粉丝，后在淘宝平台开设店铺，店铺上线第一周只有5款产品，销售额却突破了千万。李子柒的淘宝店铺如图15-10所示。

图15-10　李子柒的淘宝店铺

后者则是以用内容调性组成品牌符号的IP。比如，提到“一条”App，用户就想将其与“格调”“品质”等词汇联系在一起。这类品牌对SKU的要求比较高，所选品类比较广泛。以“一条”为例，作为致力于“包办新兴消费群体生活方式”的一个品牌，“一条”所涉及的产品品类非常丰富，家居、美妆、服饰、美食、图书等，无所不包。对于刚入门的短视频创作者来说，这种模式的门槛太高，不太适用。一条App的产品如图15-11所示。

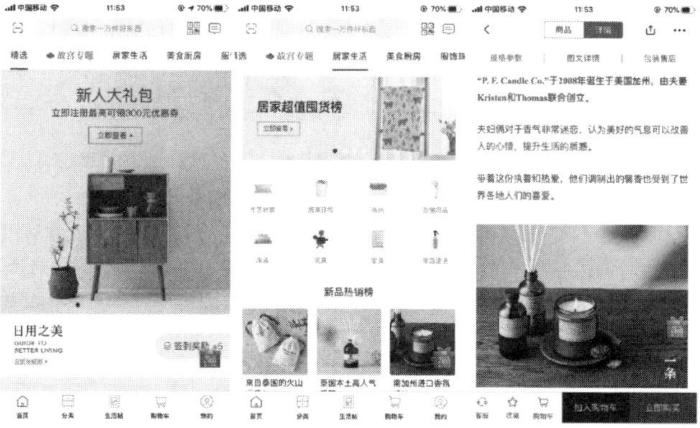


图15-11　一条App的产品展示

为了有效应对渠道差异，短视频创作者必须在内容创意方面下功夫，让内容与商品、传播平台实现深度融合。因为短视频平台上的用户观看短视频的目的不是购买商品，所以要想刺激他们产生购买冲动，短视频创作者必须将产品的价值、用途巧妙地展示出来，让用户对其产生好感，进而为其买单。

除此之外，短视频创作者还需要考虑一个问题，就是平台的特性。以抖音与快手为例，这两个平台的用户购买产品的原因大不相同，所关注的产品也有很大区别，抖音用户非常容易被美好事物打动，快手用户则容易被真实的生活场景打动。

（2）标准化、规模化

短视频电商要想实现标准化、规模化运转，必须有强大的供应链作支撑，必须直接与供货商建立合作，在实现规模化的同时抢占价格优势。在这方面，一些短视频创作者已经取得了一定的成绩，比如“Bigger研究所”与一家大型供货商建立合作，由供货商代发商品，价格比其他商家要低很多。

再比如“一条”，在国内、国外各个地区挑选优质的独立品牌与独立设计师设计的产品，由供货商提供物流，真正做到了零库存，切实消除了库存成本，将自身打造成一个电商的流量渠道，从中分成获利。

“一条”的用户大多非常注重品牌符号，认为商品的价格包含了选品的审美，其中蕴含着巨大的价值。所以，品牌IP的周边可以参考这种做法，因为用户极有可能因为身份认同接受更高的价格。在与供货商建立合作之后，短视频创作者要不断强化自身的品牌效应，以降低各项成本，比如品控成本、SKU管理成本等，还要根据用户反馈不断地调整选品，使产品结构符合消费者需求与喜好。

过去，在短视频的变现模式中，广告是非常重要的一种模式。但随着电商、知识付费、实体经济等基于短视频内容的商业模式不断拓展，这种情况正在发生改变，整个短视频行业都在探索多元、深度的商业化路径。在这个阶段，行业的容错率最高，给从业者的试错成本也最高。所以，从业者可以大胆尝试，在短视频电商领域不断探索，找到适合自己的运营方式与变现模式。